高等职业教育"新形态"精品系列教材·汽车类

汽车发动机检测与维修

主　编　王　军　朱　宏　依志国
副主编　于兆佳　范志丹　张传慧
参　编　于天宝　信建杰

北京理工大学出版社
BEIJING INSTITUTE OF TECHNOLOGY PRESS

版权专有　侵权必究

图书在版编目（CIP）数据

汽车发动机检测与维修 / 王军，朱宏，依志国主编. —北京：北京理工大学出版社，2020.9（2020.10重印）

ISBN 978-7-5682-8867-5

Ⅰ.①汽⋯　Ⅱ.①王⋯②朱⋯③依⋯　Ⅲ.①汽车-发动机-故障检测②汽车-发动机-车辆修理　Ⅳ.①U472.43

中国版本图书馆 CIP 数据核字（2020）第 144553 号

出版发行 / 北京理工大学出版社有限责任公司
社　　址 / 北京市海淀区中关村南大街 5 号
邮　　编 / 100081
电　　话 / （010）68914775（总编室）
　　　　　 （010）82562903（教材售后服务热线）
　　　　　 （010）68948351（其他图书服务热线）
网　　址 / http：//www.bitpress.com.cn
经　　销 / 全国各地新华书店
印　　刷 / 三河市天利华印刷装订有限公司
开　　本 / 787 毫米 × 1092 毫米　1/16
印　　张 / 13.75　　　　　　　　　　　　　　　　　　责任编辑 / 钟　博
字　　数 / 323 千字　　　　　　　　　　　　　　　　　文案编辑 / 钟　博
版　　次 / 2020 年 9 月第 1 版　2020 年 10 月第 2 次印刷　责任校对 / 周瑞红
定　　价 / 36.00 元　　　　　　　　　　　　　　　　　责任印制 / 李志强

图书出现印装质量问题，请拨打售后服务热线，本社负责调换

前 言
PREFACE

  随着我国汽车工业的飞速发展，新技术、新工艺在维修技术领域中得到广泛应用，汽车技术的发展也使汽车维修技术得到迅猛发展。本书共分七个项目，对发动机的总体结构、原理及常见故障的检测及维修方法进行了全面的描述，内容包括发动机总体结构认知，曲柄连杆机构检测与维修、配气机构检测与维修，冷却系统检测与维修，润滑系统检测与维修，燃油供给系统检测与维修，发动机点火系统检测与维修。

  根据新形势下轿车的维修特点，由浅入深，突出操作技能，书中内容不仅参考了国内出版的同类教材和图书，而且参考了国外近几年出版的汽车维修技术书籍以及典型车型的维修手册和相关资料，并对许多技术数据和维修方法进行了具体测量和试验验证，内容新颖、图文并茂，在力求文字简练、通俗易懂的前提下同时兼顾实用性、系统性和先进性。

  本书在编写过程中强调职业技能人才的培养需要，注重职业教育的特点，按技能型、应用型人才培养的模式进行设计构思，结合汽车维修服务企业典型的工作任务，充分体现理论实践一体化，此外，本书还内附实训指导书，可供理实一体课实训时参考使用。本教材由长春职业技术学院王军、朱宏、依志国担任主编，于兆佳、范志丹、张传慧等担任副主编，于天宝、信建杰等参加编写。

  由于时间仓促，加之水平有限，书中不妥之处在所难免，恳请读者批评指正。

目 录

项目一　发动机概述 ………………………………………………… 001
一、学习目标 ………………………………………………………… 001
二、知识准备 ………………………………………………………… 001
任务1　发动机的结构及工作原理 ………………………………… 001
任务2　发动机的主要性能指标及特性 …………………………… 009

项目二　曲柄连杆机构的检测与维修 ……………………………… 011
一、学习目标 ………………………………………………………… 011
二、知识准备 ………………………………………………………… 011
任务1　曲柄连杆机构的结构及基本原理 ………………………… 011
任务2　机体组检测与维修 ………………………………………… 025
任务3　活塞连杆组的检测与维修 ………………………………… 027
任务4　曲轴飞轮组的检测与维修 ………………………………… 030

项目三　配气机构的检测与维修 …………………………………… 033
一、学习目标 ………………………………………………………… 033
二、知识准备 ………………………………………………………… 033
任务1　配气机构的结构及基本原理 ……………………………… 033
任务2　气门组的检测与维修 ……………………………………… 041
任务3　气门传动组的检测与维修 ………………………………… 046

项目四　冷却系统的检测与维修 …………………………………… 050
一、学习目标 ………………………………………………………… 050
二、知识准备 ………………………………………………………… 050
任务1　冷却系统的结构及基本原理 ……………………………… 050
任务2　冷却系统的检测与维修 …………………………………… 055

项目五　润滑系统的检测与维修 ……………………………………………… 058

一、学习目标 …………………………………………………………… 058
二、知识准备 …………………………………………………………… 058
　　任务1　润滑系统概述 ………………………………………………… 058
　　任务2　润滑系统的检测、维修与维护 ……………………………… 066

项目六　燃油供给系统的检测与维修 …………………………………… 069

一、学习目标 …………………………………………………………… 069
二、知识准备 …………………………………………………………… 069
　　任务1　汽油机燃油供给系统的结构及基本原理 …………………… 069
　　任务2　空气供给系统的检测与维修 ………………………………… 107
　　任务3　汽油机燃油供给系统的检测与维修 ………………………… 107
　　任务4　电子控制系统的检测与维修 ………………………………… 112

项目七　发动机点火系统的检测与维修 ………………………………… 124

一、学习目标 …………………………………………………………… 124
二、知识准备 …………………………………………………………… 124
　　任务1　点火系统的结构及基本原理 ………………………………… 124
　　任务2　电控点火系统的主要部件 …………………………………… 134
　　任务3　电控点火系统的检测 ………………………………………… 142

参考文献 …………………………………………………………………… 146

项目一

发动机概述

 某市教育局将在两周之后开展汽车科普知识宣传周活动,需要讲解员在活动中给学生讲解发动机的类型特点、结构组成以及工作原理等内容。作为一名讲解员,根据此次活动的需要,学习和查阅与发动机有关的各种资料,编写发动机介绍文稿并进行讲解。

❀ 一、学习目标

1. 知识目标

(1) 掌握发动机的工作原理;
(2) 掌握发动机的结构组成;
(3) 掌握发动机的基本术语。

2. 能力目标

(1) 能够描述发动机各系统的功能;
(2) 能够解释发动机排量的含义;
(3) 能够讲解发动机的各项性能指标。

❀ 二、知识准备

任务1 发动机的结构及工作原理

1. 发动机的结构

发动机是一台由多种机构和系统组成的复杂机器。现代汽车发动机的结构形式很多,发动机的具体构造也多种多样,但其基本工作原理一致,从总体功能来看,其基本结构大同小异,都是由两大机构和五大系统(柴油机是两大机构和四大系统)组成,即曲柄连杆机构、配气机构和燃料供给系统、冷却系统、润滑系统、起动系统、点火系统(柴油机没有点火系统)。

1) 曲柄连杆机构

曲柄连杆机构由机体组、活塞连杆组、曲轴飞轮组三部分组成,如图1-1所示。其作用是将燃料燃烧产生的热能转变为活塞往复运动的机械能,再通过连杆将活塞的往复运动转变为曲轴的旋转运动而对外输出动力。

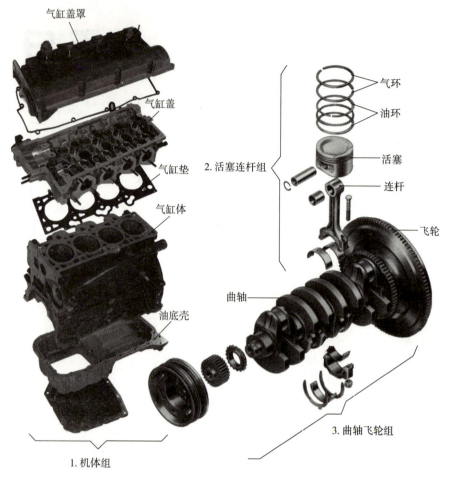

图1-1 曲柄连杆机构示意

2)配气机构

配气机构由气门组及气门传动组组成,如图1-2所示。其作用是定时开启和关闭进、排气门,使可燃混合气或空气可以及时充入气缸并将废气从气缸中排出,实现换气过程。

3)燃料供给系统

汽油机燃料供给系统的任务是将汽油雾化和蒸发(汽化)并和空气按一定比例均匀混合成可燃混合气,再根据发动机各种不同工况的要求,向发动机气缸内供给不同质(即不同浓度)和不同量的可燃混合气,以便在临近压缩终了时点火燃烧而放出热量使燃气膨胀做功,最后将气缸内的废气排出。汽油机燃料供给系统结构示意如图1-3所示。

柴油机燃料供给系统的作用是不断供给发动机经过滤清的清洁燃料和空气,根据柴油机不同工况的要求,将一定量的柴油以一定压力和喷油质量定时喷入燃烧室,使其与压缩空气迅速混合并燃烧,做功后将燃烧废气排出气缸。

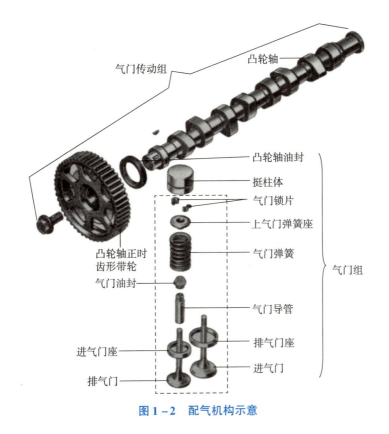

图 1-2 配气机构示意

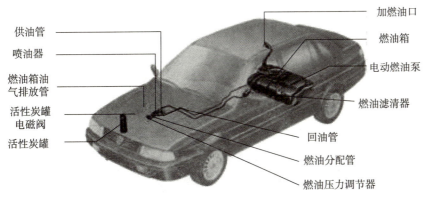

图 1-3 汽油机燃料供给系统结构示意

4）冷却系统

冷却系统有水冷却系统和风冷却系统两种。现代汽车一般都采用水冷却系统，如图 1-4 所示。其作用是将受热机件的热量散到大气中去，从而保证发动机正常工作。

5）润滑系统

润滑系统如图 1-5 所示，其作用是将润滑油送至各个摩擦表面，以减轻机件的磨损，并清洗、冷却摩擦表面，延长发动机的使用寿命。

6）起动系统

要使发动机由静止状态过渡到工作状态，必须先用外力转动发动机的曲轴，使活塞作往

图 1-4　水冷却系统示意　　　　　图 1-5　润滑系统示意

复运动，气缸内的可燃混合气燃烧膨胀做功，推动活塞向下运动使曲轴旋转，发动机才能自行运转，工作循环才能自动进行。因此，曲轴在外力作用下开始转动到发动机开始自动地怠速运转的全过程，称为发动机的起动。完成起动过程所需的装置称为发动机的起动系统。

起动系统一般由起动机、电磁开关、起动开关等组成，如图 1-6 所示。

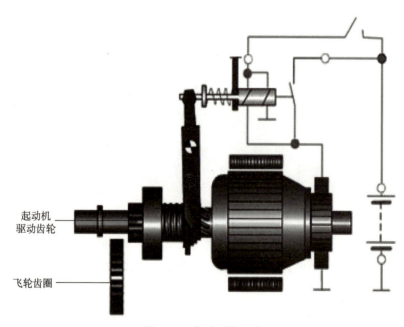

图 1-6　起动系统示意

7）点火系统

点火系统一般由蓄电池、点火开关、点火线圈、火花塞等组成，按控制方式不同又分为传统点火系统和电子控制点火系统两种，如图 1-7 所示。其作用是在规定时刻向气缸内提供电火花以点燃气缸中的可燃混合气。

柴油发动机由于其混合气是自行着火燃烧，故没有点火系统。

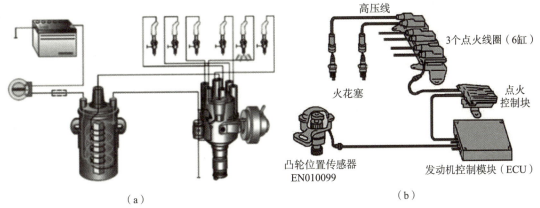

图 1-7 点火系统示意

(a) 传统点火系统；(b) 电子控制点火系统

2. 发动机基本术语

（1）上止点。上止点（Top Dead Center，TDC）是指活塞在气缸内作往返运动时，活塞顶部到达距离曲轴旋转中心最远的位置，即活塞的最高位置，如图 1-8 所示。

（2）下止点。下止点（Bottom Dead Center，BDC）是指活塞在气缸内作往返运动时，活塞顶部到达距离曲轴旋转中心最近的位置，即活塞的最低位置，如图 1-8 所示。

（3）活塞行程。活塞行程是指上、下止点间的距离，如图 1-9 所示，用 S 表示，单位为 mm（毫米）。活塞由一个止点运动到另一个止点的过程（一次），称为一个冲程。

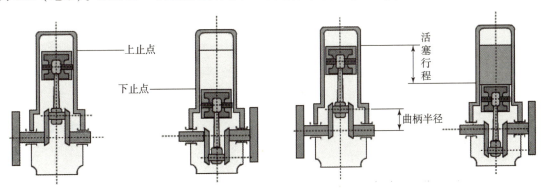

图 1-8 上、下止点示意　　　　图 1-9 活塞行程、曲柄半径示意

（4）曲柄半径。曲柄半径是指与连杆大头相连接的曲柄销的中心线到曲轴回转中心线的距离，如图 1-9 所示，用 R 表示，单位为 mm（毫米）。显然，曲轴每转一周，活塞移动两个冲程，即

$$S = 2R$$

（5）气缸工作容积。气缸工作容积是指活塞从一个止点移动到另一个止点所经过的容积，如图 1-10 所示。气缸工作容积用 V_h 表示，单位为 L（升）。气缸工作容积的计算公式为

$$V_h = \frac{\pi D^2}{4 \times 10^6} S$$

式中，V_h——气缸工作容积，L；
　　　D——气缸直径，mm；
　　　S——活塞行程，mm。

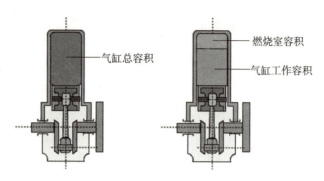

图 1-10　气缸工作容积、燃烧室容积、总容积示意

（6）燃烧室容积。燃烧室容积是指活塞位于上止点时，活塞顶上方的气缸空间容积，如图 1-10 所示，用 V_c 表示，单位为 L（升）。

（7）气缸总容积。气缸总容积是指活塞位于下止点时，活塞顶上方的气缸空间容积，如图 1-10 所示，用 V_a 表示，单位为 L（升）。气缸总容积的计算公式为

$$V_a = V_c + V_h$$

（8）发动机排量。发动机排量是指发动机所有气缸工作容积之和，如图 1-11 所示，用 V_L 表示，单位为 L（升）。对于多缸发动机，其计算公式为

$$V_L = V_h i$$

式中，i——发动机气缸数。

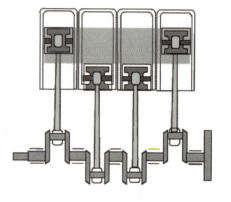

图 1-11　发动机排量示意

发动机排量是一个非常重要的特征参数，轿车就是以发动机排量的大小进行分级的——微型：$V_L \leqslant 1.0$ L；普通级：$V_L = 1.0 \sim 1.6$ L；中级：$V_L = 1.6 \sim 2.5$ L；中高级：$V_L = 2.5 \sim 4.0$ L；高级：$V_L > 4.0$ L。

（9）压缩比。压缩比是指气缸总容积与燃烧室容积之比，用 ε 表示：

$$\varepsilon = \frac{V_a}{V_c} = \frac{V_h + V_c}{V_c} = 1 + \frac{V_h}{V_c}$$

压缩比用来衡量空气或混合气被压缩的程度。其影响发动机的热效率。一般汽油发动机压缩比为 8～11；柴油发动机压缩比较高，为 16～22。

（10）工作循环。发动机的进气、压缩、做功、排气 4 个工作过程称为一个工作循环。

3. 发动机的工作原理

1）四冲程发动机的工作原理

四冲程发动机是指曲轴转两圈（720°），活塞往复运动 4 次完成一个工作循环的发动机。汽油机和柴油机使用的燃料是不同的，其工作过程也存在较大差异。

四冲程汽油机的工作循环由进气、压缩、做功、排气4个过程所组成。单缸四冲程汽油机工作循环示意如图1-12所示。

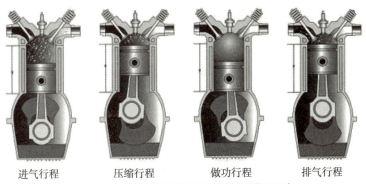

进气行程　　压缩行程　　做功行程　　排气行程

图1-12　单缸四冲程汽油机工作循环示意

（1）进气行程。由于曲轴的旋转，活塞从上止点向下止点运动，这时排气门关闭，进气门打开。进气行程开始时，活塞位于上止点，气缸内残存有上一循环未排净的废气，因此，气缸内的压力稍高于大气压力。随着活塞下移，气缸内容积增大，压力减小，当压力低于大气压时，在气缸内产生真空吸力，经滤清的空气与汽油混合成可燃混合气，通过进气门被吸入气缸，直至活塞向下运动到下止点。

实际汽油机的进气门是在活塞到达上止点之前打开，并且延迟到下止点之后关闭，以便吸入更多的可燃混合气。

（2）压缩行程。曲轴继续旋转，活塞从下止点向上止点运动，这时进气门和排气门都关闭，气缸内成为封闭空间，可燃混合气受到压缩，压力和温度不断升高，当活塞到达上止点时压缩行程结束。

压缩比越大，压缩终了时气缸内的压力和温度越高，则燃烧速度越快，发动机功率也越大。但压缩比太大，容易引起爆燃。

（3）做功行程。做功行程包括燃烧过程和膨胀过程。在这一行程中，进气门和排气门仍然保持关闭。当活塞位于压缩行程接近上止点（即点火提前角）位置时，火花塞产生电火花点燃可燃混合气，混合气燃烧后放出大量的热使气缸内的气体温度和压力急剧升高，最高压力可达3～5 MPa，最高温度可达2 200～2 800 K，高温高压气体膨胀，推动活塞从上止点向下止点运动，通过连杆使曲轴旋转并输出机械功。除了用于维持发动机本身继续运转外，其余用于对外做功。

（4）排气行程。在做功行程终了时，排气门打开，进气门关闭，曲轴通过连杆推动活塞从下止点向上止点运动，废气在自身剩余压力和活塞推动下，被排出气缸，至活塞到达上止点时，排气门关闭，排气结束。

排气行程终了时，由于燃烧室容积的存在，气缸内还存有少量废气，气体压力也因排气系统存在排气阻力而略高于大气压力。

2）二冲程发动机的工作原理

二冲程发动机是指曲轴转一圈（360°），活塞往复运动两次完成一个工作循环的发动机，其工作循环也包括进气、压缩、做功和排气4个行程。在四冲程发动机中，常把排气行程和进气行程合称为换气过程。在二冲程发动机中换气过程是指废气从气缸内被新气扫除并取代的过程。这两种内燃机工作循环的不同之处主要在于换气过程。

二冲程汽油机在结构上与四冲程汽油机的不同之处在于没有进、排气门，取而代之的是进气孔、排气孔和扫气孔。图1-13所示为单缸二冲程汽油机工作循环示意，其工作原理如下：

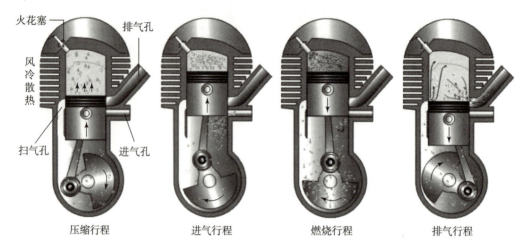

图1-13 单缸二冲程汽油机工作循环示意

（1）第一行程：活塞在曲轴带动下由下止点移至上止点。

当活塞还处于下止点时，进气孔被活塞关闭，排气孔和扫气孔开启。这时曲轴箱内的可燃混合气经扫气孔进入气缸，扫除其中的废气。随着活塞向上止点运动，活塞头部首先将扫气孔关闭，扫气终止。但此时排气孔尚未关闭，仍有部分废气和可燃混合气经排气孔继续排出，其称为额外排气。当活塞将排气孔也关闭之后，气缸内的可燃混合气开始被压缩，直至活塞到达上止点，压缩过程结束。

（2）第二行程：活塞由上止点移至下止点。

在压缩过程终了时，火花塞产生电火花，将气缸内的可燃混合气点燃，燃烧气体膨胀做功。此时排气孔和扫气孔均被活塞关闭，唯有进气孔仍然开启。空气和汽油经进气孔继续流入曲轴箱，直至活塞裙部将进气孔关闭为止。随着活塞继续向下止点运动，曲轴箱容积不断缩小，其中的混合气被预压缩。此后，活塞头部先将排气孔开启，膨胀后的燃烧气体已成废气，经排气孔排出。至此做功过程结束，开始先期排气。随后活塞又将扫气孔开启，预压缩的可燃混合气从曲轴箱经扫气孔进入气缸，扫除其中的废气，开始扫气过程。这一行程将持续到下一个活塞行程中扫气孔被关闭时为止。

由上述工作原理可知，第一行程是在活塞上方进行换气、压缩，活塞下方进行进气；第二行程是在活塞上方进行做功、换气，活塞下方预压混合气。换气过程跨越两个行程。

二冲程发动机与四冲程发动机相比具有下列特点：

（1）由于进、排气过程几乎是完全重叠进行的，所以在换气过程中有混合气损失和废气难以排净的缺点，经济性较差。

（2）完成一个工作循环，曲轴只转一圈，当与四冲程发动机转速相等时，其做功次数比四冲程发动机多一倍。因此，运转平稳，与同排量四冲程发动机比较在理论上发出功率应是四冲程发动机的两倍，但由于换气时的混合气损失，实际上只有1.5~1.6倍。

（3）由于没有气门机构，发动机结构较为简单。

任务2　发动机的主要性能指标及特性

1. 发动机的主要性能指标

发动机的性能指标是评价发动机性能优劣的依据。发动机的性能指标主要有指示指标和有效指标两种。指示指标广泛应用于发动机工作过程的分析和研究中；有效指标主要用来直接评定发动机实际工作性能的优劣，在生产实践中获得广泛的应用。

发动机最重要的有效指标包括动力性指标和经济性指标两种。

1）动力性指标

（1）有效功率。有效功率是指发动机通过飞轮对外输出的功率，用 P_e 表示，由发动机台架试验得出。

（2）有效转矩。有效转矩是指发动机通过飞轮对外输出的转矩，用 M_e 表示，由测功机测得，其值与发动机曲轴所受到的阻力矩相等。根据所测得的有效转矩 M_e（N·m）和发动机转速 n（r/min），可以得出有效功率 P_e，即

$$P_e = M_e \times 2\pi \times \frac{n}{60} \times 10^{-3} = \frac{M_e \times n}{9\,550} \text{ (kW)}$$

或

$$M_e = \frac{9\,550\,P_e}{n} \text{ (N·m)}$$

（3）平均有效压力。平均有效压力是指发动机单位气缸工作容积输出的有效功，用 p_e 表示，其表达式为

$$p_e = \frac{W_e}{V_h} \text{ (kPa)}$$

式中，V_h——气缸工作容积，L。

发动机的有效功率、有效转矩、平均有效压力越大，动力性越好。

2）经济性指标

（1）有效燃料消耗率。有效燃料消耗率是指单位有效功的耗油量，用 g_e 表示。通常以每千瓦小时有效功的耗油量表示，单位为 g/(kW·h)。有效燃料消耗率的计算公式为

$$g_e = \frac{G_T}{P_e} \times 10^3 \,[\text{g/(kW·h)}]$$

式中，G_T——发动机的每小时耗油量，kg/h。

（2）有效热效率。有效热效率是指发动机实际循环的有效功与所消耗燃料的热量之比，用 η_e 表示。有效热效率的计算公式为

$$\eta_e = \frac{W_e}{Q_1}$$

式中，Q_1——得到有效功所消耗的热量，kJ；
　　　　W_e——发动机的有效功，kJ。

发动机有效燃料消耗率越小，有效热效率越高，经济性越好。

2. 发动机的特性

发动机特性是指发动机的性能指标随发动机调整情况和运转工况而变化的关系，通常用曲线表示，称为发动机特性曲线。通过发动机特性曲线可以分析在不同使用工况下，发动机特性变化的规律及影响因素，以此评价发动机性能，从而改善发动机性能。

发动机工况是指发动机的工作状况，通常用发动机功率与转速或发动机负荷与转速来表示。

1）发动机负荷特性

发动机负荷特性表示发动机在某一转速下，燃油经济性指标及其他参数随负荷的变化关系。

（1）汽油机负荷特性。汽油机负荷特性是指在点火提前角最佳，供油系统、进气系统及控制系统工作正常的情况下，保持汽油机转速一定，每小时耗油量 G_T 和有效燃料消耗率 g_e 随负荷变化的关系。

汽油机的负荷调节方法称为"量调节"，即靠改变节气门开度，从而改变进入气缸的混合气数量来适应负荷变化。

（2）柴油机负荷特性。柴油机负荷特性是指在柴油机转速一定的条件下，每小时耗油量 G_T 和有效燃料消耗率 g_e 随负荷变化的关系。

在转速一定时，由于进入气缸的空气量不变，所以改变负荷时相应改变的是每循环供油量 Δg，使混合气成分变化。因此，柴油机是通过改变混合气的浓度来适应负荷的变化的。其负荷调节方法称为"质调节"。

2）发动机速度特性

发动机速度特性是指发动机性能指标随转速变化的关系。

（1）汽油机速度特性。汽油机速度特性是指汽油机节气门开度固定不变，在点火提前角最佳，供油系统、进气系统及控制系统工作正常的情况下，有效功率 P_e、有效转矩 M_e 和有效燃料消耗率 g_e 随转速 n 变化的关系。节气门全开时的速度特性称为汽油机外特性；节气门部分打开时的速度特性称为汽油机部分负荷速度特性。

（2）柴油机速度特性。柴油机速度特性是指喷油泵油量调节机构位置固定不动，柴油机有效功率 P_e、有效转矩 M_e、有效燃料消耗率 g_e 和每小时耗油量 G_T 等随转速 n 变化的关系。当油量调节机构固定在标定循环供油量位置时的速度特性称为柴油机外特性；当油量调节机构固定在小于标定循环供油量位置时的速度特性称为柴油机部分负荷速度特性。

项目二
曲柄连杆机构的检测与维修

运输公司的一辆捷达轿车行驶了19.5万km,司机最近感觉车辆在加速时动力比原来差得多,特别在上坡时尤其明显,所以司机将车开到修理厂,想对发动机进行全面的检查。接下来,主要的工作就是配合维修技师对该车的发动机进行检测,找出故障原因并排除故障。

一、学习目标

1. 知识目标

(1) 掌握曲柄连杆机构的结构组成;
(2) 掌握曲柄连杆机构的工作原理;
(3) 掌握机体组、活塞连杆组、曲轴飞轮组各主要零件的功能和装配连接关系。

2. 能力目标

(1) 能够按照标准对曲柄连杆机构进行拆装;
(2) 能够对缸体和缸盖等部件进行检测,判断其工作状态;
(3) 能够对活塞连杆组的主要部件进行检查和测量,判断其工作状态;
(4) 能够对曲轴和飞轮等主要部件进行检测,判断其工作状态。

二、知识准备

任务1 曲柄连杆机构的结构及基本原理

曲柄连杆机构是内燃机实现工作循环,完成能量转换的传动机构,用来传递力和改变运动方式。曲柄连杆机构示意如图1-1所示。

1. 机体组

机体是发动机的骨架和外壳,很多零部件和附属件以及辅助系统的元件都安装在机体上。它是发动机的固定件,是发动机形状和尺寸的主要决定因素。

机体组由气缸体、曲轴箱、气缸套、油底壳、气缸盖、气缸垫等零部件组成。

1）气缸体

气缸体是发动机各个机构和系统的装配基体，它保持发动机各运动件之间的准确位置关系。

气缸体的结构如图 2-1 所示，气缸体由上、下两部分组成，上部分有若干个气缸，下部分是曲轴箱。气缸体的上、下平面用来安装气缸盖和下曲轴箱，是气缸修理的加工基准。

2）曲轴箱

曲轴箱主要有 3 种结构形式，分别为平分式、龙门式和隧道式。

图 2-1　气缸体的结构

（1）平分式。采用平分式曲轴箱的气缸体，其曲轴轴线与气缸体下平面在同一平面上，如图 2-2 所示。这种气缸体的特点是便于机械加工，但其刚度较差，曲轴前、后端的密封性较差，多用于中小型发动机。

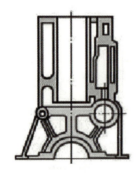 

图 2-2　采用平分式曲轴箱的气缸体

（2）龙门式。采用龙门式曲轴箱的气缸体，其发动机的曲轴轴线高于气缸体下平面，如图 2-3 所示。这种缸体的特点是结构刚度和强度较好、密封简单可靠、维修方便，但其工艺性较差，多用于大中型发动机。

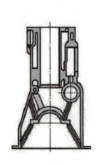 

图 2-3　采用龙门式曲轴箱的气缸体

（3）隧道式。隧道式曲轴箱的主轴承孔不分开，采用隧道式曲轴箱的气缸体如图 2-4 所示。它的特点是结构刚度最大、质量最大、主轴承的同轴度易保证，但其拆装比较麻烦，多用于主轴承采用滚动轴承的组合式曲轴。

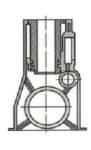 

图 2-4 采用隧道式曲轴箱的气缸体

3）气缸套

气缸套通常有干式和湿式两种结构形式。

（1）干式气缸套。干式气缸套的特点是外表面不与冷却水接触，如图 2-5 所示，它是一个耐磨性能良好的薄壁套筒，壁厚一般为 1~3 mm。干式气缸套的优点是刚度和强度大、气缸中心距小；缺点是散热不良，加工比较复杂，内、外表面都需要进行精加工，不便于安装。

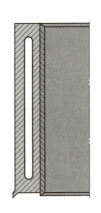 

图 2-5 干式气缸套

（2）湿式气缸套。湿式气缸套的特点是外表面与冷却水直接接触，如图 2-6 所示，壁厚应保证缸套有足够的强度和刚度，一般为缸径的 5%~10%。湿式气缸套的优点是导热性好、便于更换、缸体铸造简单、材料可按需要选择；缺点是缸体刚度差、容易漏水。

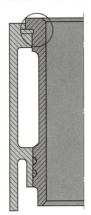 

图 2-6 湿式气缸套

水冷式气缸周围和气缸盖中均有用来充水的空腔，称为水套。气缸体和气缸盖上的水套是相互连通的，利用水套中的冷却水流过高温零件的周围而将热量带走。

4）油底壳

油底壳的结构示意如图2-7所示。其主要功能是贮存机油并封闭曲轴箱。由于油底壳受力不大，可采用薄钢板、铝合金和塑料等材料制成。油底壳底部还装有放油螺塞，通常放油螺塞上装有永久磁铁，以吸附润滑油中的金属屑，减少发动机的磨损。

图2-7 油底壳的结构示意

5）气缸盖

气缸盖的主要作用是封闭气缸上部，与活塞顶部和气缸壁一起构成燃烧室。

气缸盖一般由优质灰铸铁或合金铸铁铸造，轿车用的汽油机则多采用铝合金气缸盖。其上加工有进、排气门座孔，气门导管孔，火花塞安装孔（汽油机）或喷油器安装孔（柴油机），如图2-8所示。在气缸盖内还铸有水套，进、排气道和燃烧室或燃烧室的一部分。若凸轮轴安装在气缸盖上，则气缸盖上还加工有凸轮轴承孔或凸轮轴承座及其润滑油道。

（1）气缸盖罩。气缸盖罩示意如图2-9所示，其功能主要为遮盖并密封气缸盖，将机油保持在内部，使之与外界空气和污染物隔离，防止机油变质。

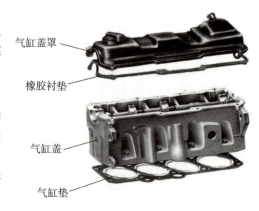

图2-8 气缸盖示意

图2-9 气缸盖罩示意

气缸盖罩多用铝合金铸造或由薄钢板冲压制成，与气缸盖接合面须加上橡胶衬垫（如

图2-8所示)。

(2)燃烧室。汽油机的燃烧室由活塞顶部及气缸盖上相应的凹部空间组成,而柴油机的燃烧室主要在活塞顶部的凹坑内。

汽油机常用的燃烧室按形状可分为半球形、楔形和盆形,如图2-10所示。

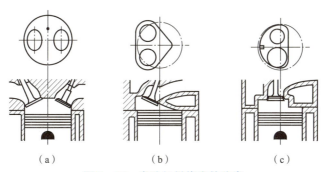

图2-10 汽油机燃烧室的分类

(a)半球形燃烧室;(b)楔形燃烧室;(c)盆形燃烧室

6)气缸垫

气缸垫是气缸体顶面与气缸盖底面之间的密封件,如图2-11所示,用来保证气缸体与气缸盖之间的密封,防止漏气、漏水、漏油。

由于气缸垫需要接触高温、高压气体以及冷却液、机油等,在使用中很容易出现烧蚀的现象,所以其应具备足够的强度、耐热、耐腐蚀,不易烧蚀或变质,有较长的使用寿命,还应具有一定的弹性,能够弥补接合面间的不平,以保证气缸的密封性。

发生烧蚀、损坏或发动机大修时必须更换新的气缸垫。

图2-11 气缸垫

按照使用的材料不同,常见的气缸垫主要可分为金属型橡胶气缸垫、全金属型气缸垫、复合型气缸垫和黏结型气缸垫等,如图2-12所示。

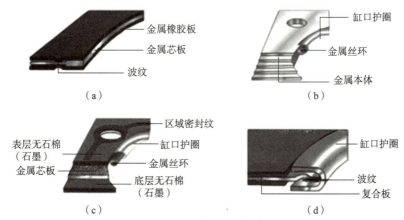

图2-12 不同材料类型的气缸垫

(a)金属型橡胶气缸垫;(b)全金属型气缸垫;(c)复合型气缸垫;(d)黏结型气缸垫

2. 活塞连杆组

活塞连杆组由活塞、活塞销座、活塞环、活塞销和连杆等机件组成，如图 2-13 所示。

1) 活塞

活塞如图 2-14 所示，其主要功能是承受燃烧气体压力，并将此压力通过活塞销传给连杆以推动曲轴旋转。此外，活塞顶部与气缸盖、气缸壁共同组成燃烧室。

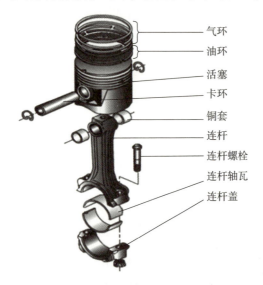

图 2-13 活塞连杆组结构示意

图 2-14 活塞

目前，汽油机活塞广泛采用铝合金材料，有的柴油机活塞也采用高级铸铁或耐热钢制造。

活塞的基本结构包括顶部、头部和裙部 3 个部分，如图 2-15 所示。

（1）活塞顶部。活塞顶部是燃烧室的组成部分，其形状与燃烧室形状和压缩比的大小有关，主要有平顶、凸顶、凹顶和成型顶 4 种形式，如图 2-16 所示。

图 2-15 活塞的基本结构　　　　图 2-16 活塞顶部的结构类型

（2）活塞头部。活塞头部是活塞环槽以上的部分，其作用是承受气体压力，并将压力通过活塞销座、活塞销传给连杆；与活塞环一同实现气缸的密封；将活塞顶部吸收的热量通过活塞环传导到气缸壁。发动机活塞一般有 2~3 道气环槽和 1 道油环槽。

（3）活塞裙部。自油环槽下端面起至活塞底面的部分称为活塞裙部。

活塞裙部承受膨胀侧向力的一面称为主推力面，承受压缩侧向力的一面称为次推力面，如图 2-17 所示。

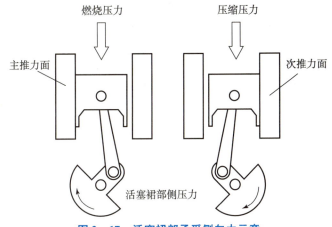

图2-17 活塞裙部承受侧向力示意

2）活塞销座

活塞销座位于活塞裙部的上部，加工有座孔，用以安装活塞销。有些活塞销座孔内加工有卡环槽，以便安装活塞销卡环，防止活塞销工作时轴向窜动。

一般地，活塞销座轴线都位于活塞中心线平面内，当活塞越过上止点改变运动方向时，由于侧压力瞬时换向，活塞与气缸壁接触面突然由一侧平移到另一侧［如图2-18（a）所示］，产生活塞对气缸壁的"敲击"（俗称"活塞敲缸"）。因此，有些发动机将活塞销座轴线向做功行程中受侧压力较大的一面偏移1~2 mm，如图2-18（b）所示。这样，当活塞接近上止点时，作用在活塞销座轴线右侧的气体压力大于左侧，使活塞倾斜，活塞裙部下端提前换向，侧压力相反时，活塞才以左下端接触处为支点，顶部向左转（不是平移），完成换向，而使换向冲击大大减少。

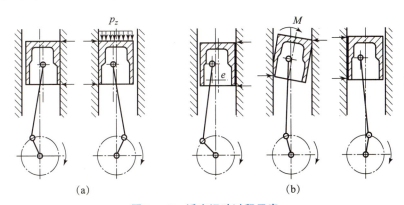

图2-18 活塞运动过程示意

(a) 活塞销对中布置；(b) 活塞销偏置

3）活塞环

活塞环安装在活塞头部的活塞环槽中，其按功能可分为油环和气环两类，如图2-19所示。

（1）活塞环的作用。

①气环的作用是保证活塞和气缸壁间的密封，防止气缸中的高温、高压燃气大量窜入曲轴箱，同时还将活塞顶部的大部分热量传导到气缸壁，再由冷却水或空气带走。一般发动机

每个活塞上装有 2~3 道气环，如图 2-20 所示。

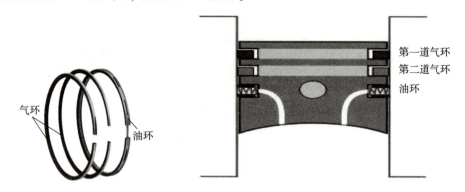

图 2-19　活塞环　　　　图 2-20　气环及油环安装位置示意

②油环用来刮除气缸壁上多余的机油，并在气缸壁上铺涂一层均匀的油膜，这样既可以防止机油窜入气缸燃烧，又可以减小活塞、活塞环与气缸的磨损和摩擦阻力。当活塞向下移动时，油环将气缸壁上多余的机油刮下，通过小孔或切槽流回曲轴箱；当活塞向上移动时，刮下的机油仍通过回油孔流回曲轴箱。油环的刮油作用如图 2-21 所示。此外，油环也起到封气的辅助作用。通常每个活塞有 1~2 道油环。

目前广泛采用的活塞材料是优质灰铸铁、球墨铸铁或合金铸铁。不少发动机的第一道活塞环，甚至所有活塞环，其工作表面都进行了多孔镀铬或喷钼。

(2) 活塞环的结构。

①气环是具有一定弹力和断面形状的开口环。

②油环根据结构的不同可分为整体式与组合式两种，如图 2-22 所示。

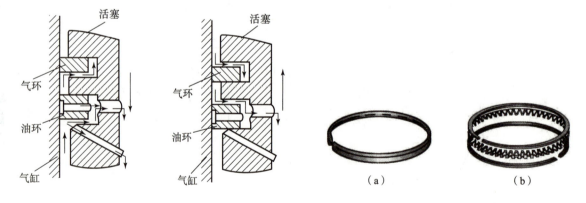

图 2-21　油环的刮油作用　　　　图 2-22　油环类型
(a) 整体式油环；(b) 组合式油环

(3) 活塞环的间隙。发动机在工作时，活塞及活塞环都会发生膨胀。活塞环在气缸内应有端隙，与环槽间应有侧隙和背隙，如图 2-23 所示。

①活塞环的端隙（Δ_1）：端隙又称开口间隙，是活塞环装入气缸后开口处的间隙。

②活塞环的侧隙（Δ_2）：侧隙又称边隙，是环高方向上与环槽之间的间隙。

③活塞环的背隙（Δ_3）：背隙是活塞环装入气缸后，活塞环背面与环槽底部的间隙。

(4) 活塞环的密封原理。为减少气体的泄漏，在装入气缸时，各道活塞环的开口应相互错开,形成迷宫式的漏气路线,以增大漏气阻力,减少漏气量。图2-24所示为3道活塞环开口的安装角度示意。

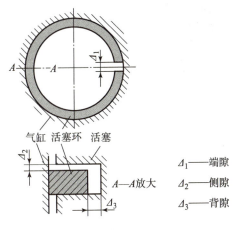

图 2-23 活塞环的间隙

图 2-24 活塞环开口的安装角度示意

4) 活塞销

活塞销的功能是连接活塞与连杆小头,将活塞承受的气体作用力传给连杆,如图2-25所示。活塞销在高温下承受很大的周期冲击载荷,润滑条件较差(一般靠压力润滑和飞溅润滑),因此要求活塞销要有足够的刚度和强度,表面须耐磨,质量尽可能小,如图2-26所示。因此,活塞销通常制成空心圆柱体。

图 2-25 活塞销的安装位置

图 2-26 活塞销

活塞销一般由低碳钢制造,先经过表面渗碳处理,以提高表面硬度,并保证心部具有一定的冲击韧性,然后进行精磨和抛光。活塞销与活塞座孔和连杆小头的连接方式一般有全浮式和半浮式两种,如图2-27所示。

(1) 全浮式。在发动机正常工作温度时,活塞销能在连杆衬套和活塞销座孔中自由转动,从而增大了实际接触面积,减小了磨损并使磨损均匀,因此被广泛采用。

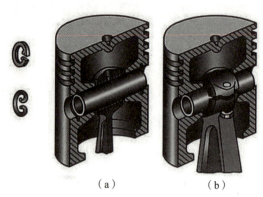

图 2-27 活塞销的连接方式
(a) 全浮式；(b) 半浮式

（2）半浮式。半浮式就是活塞销与活塞座孔或连杆小头两处，一处固定，另一处浮动。大多采用活塞与连杆小头的固定方式。

5）连杆

连杆的作用是将活塞与曲轴连接，并将活塞承受的气体压力传给曲轴，使活塞的往复直线运动变为曲轴的旋转运动并产生转矩。

连杆由连杆小头、连杆杆身和连杆大头 3 部分组成，如图 2-28 所示。

连杆小头与活塞销连接。其结构形状取决于活塞销的尺寸及其与连杆小头的连接方式。连杆杆身通常制成"工"字形断面，在强度和刚度足够的前提下可减小质量。有的连杆杆身内加工有油道，用来为活塞销与衬套进行压力润滑，如图 2-29 所示。连杆大头与曲轴的连杆轴颈相连，一般制成分开式，被分开的部分称为连杆盖，用连杆螺栓紧固在连杆大头上。连杆大头的结构形式可分为平切口和斜切口两种，如图 2-30 所示。

图 2-28 连杆结构　　　　图 2-29 连杆杆身和油道

为防止连杆和连杆盖装配错误，一般在出厂时同侧均刻有配对标记，如图 2-31 所示。连杆轴承也称作连杆轴瓦，装在连杆大头的孔内，用以保护连杆轴颈及连杆大头，如图 2-32 所示。

3. 曲轴飞轮组

曲轴飞轮组主要由曲轴、飞轮和滑动轴承、曲轴皮带轮、曲轴正时齿轮和曲轴链轮等组成，如图 2-33 所示。

图 2-30 连杆大头的结构形式

(a) 平切口；(b) 斜切口

图 2-31 连杆大头的安装标记　　　图 2-32 连杆轴承

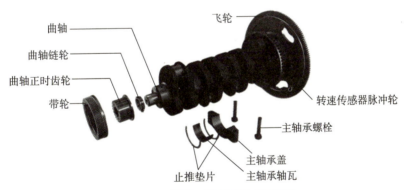

图 2-33 曲轴飞轮组及其主要部件

1）曲轴

曲轴的功能是把活塞连杆组传来的气体压力转变为转矩并对外输出。另外，曲轴还用来驱动发动机的配气机构和其他各种辅助装置。

曲轴的基本结构包括前端轴、主轴颈、连杆轴颈、曲柄、平衡重及后端凸缘等，如图 2-34 所示。一个连杆轴颈和它两端的曲柄及主轴颈构成一个曲拐。

为了保证发动机在运转时，实现曲轴和飞轮的动平衡，曲轴上都严格设置有平衡重。平衡重用来平衡连杆大头、连杆轴颈和曲柄销等产生的离心力及力矩，以使发动机运转平稳。多数曲轴采用在曲柄臂上打孔的形式进行配重，如图 2-34 所示。

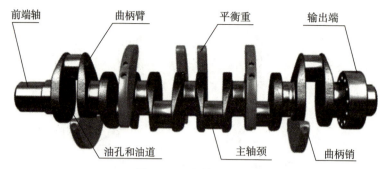

图 2-34 曲轴的构造

曲轴前端装有驱动配气凸轮轴的正时齿轮、驱动发电机和空调压缩机的带轮等。曲轴后端有安装飞轮用的凸缘盘。

发动机工作时，由于曲轴箱内具有一定的气体压力，为了防止机油沿曲轴轴颈外漏，在曲轴的前端和后端都设有油封。前油封通常安装在机油链轮室箱体盖上；后油封一般安装在后油封座上。部分大型发动机为了加强曲轴前、后端的密封性，还会采用甩油盘、回油螺纹等封油装置。

（1）曲拐的布置。一个连杆轴颈和它两端的曲柄及相邻两个主轴颈构成一个曲拐，如图 2-35 所示。曲轴的曲拐数取决于发动机气缸的数目和排列方式。直列式发动机的曲拐数等于气缸数；V 形发动机的曲拐数等于气缸数的一半。

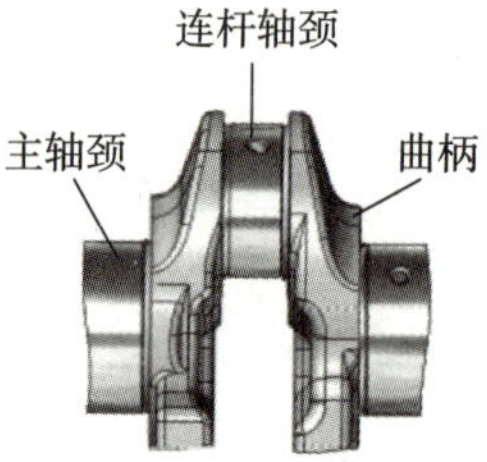

（2）发动机曲拐的工作顺序。如多缸发动机气缸数为 i，则发动机做功间隔角为 $720°/i$。

常见多缸发动机曲拐的布置和工作顺序如下：

①直列四缸四冲程发动机的曲拐布置。直列四缸四冲程发动机的曲拐被对称布置在同一平面内，如图 2-36 所示。做功间隔角为 $720°/4 = 180°$，各缸工作顺序有 1-3-4-2 和 1-2-4-3 两种。工作循环如表 2-1 所示。

图 2-35 曲拐

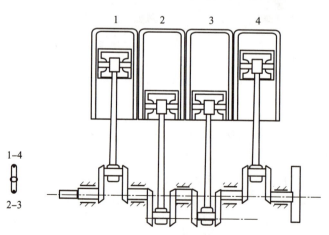

图 2-36 直列四缸四冲程发动机曲拐布置

表 2-1　直列四缸四冲程发动机工作循环（工作顺序 1—3—4—2）

曲轴转角/（°）	第一缸	第二缸	第三缸	第四缸
0~180	做功	排气	压缩	进气
180~360	排气	进气	做功	压缩
360~540	进气	压缩	排气	做功
540~720	压缩	做功	进气	排气

②直列六缸四冲程发动机的曲拐布置。直列六缸四冲程发动机的曲拐被均匀布置在互成 120°的 3 个平面内，如图 2-37 所示。做功间隔角为 720°/6＝120°，各缸工作顺序有 1-5-3-6-2-4 和 1-4-2-6-3-5 两种。其中以第一种工作顺序应用较为普遍。工作循环如表 2-2 所示。

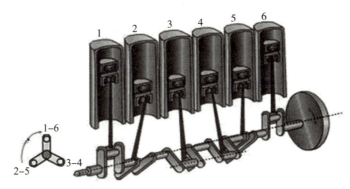

图 2-37　直列六缸四冲程发动机的曲拐布置

表 2-2　直列六缸四冲程发动机工作循环（工作顺序 1-5-3-6-2-4）

曲轴转角/（°）		第一缸	第二缸	第三缸	第四缸	第五缸	第六缸
0~180	0~60	做功	排气	进气	做功	压缩	进气
0~180	60~120	做功	排气	压缩	排气	压缩	进气
0~180	120~180	做功	进气	压缩	排气	做功	进气
180~360	180~240	排气	进气	压缩	排气	做功	压缩
180~360	240~300	排气	进气	做功	进气	做功	压缩
180~360	300~360	排气	压缩	做功	进气	排气	压缩
360~540	360~420	进气	压缩	做功	进气	排气	做功
360~540	420~480	进气	压缩	排气	压缩	排气	做功
360~540	480~540	进气	做功	排气	压缩	进气	做功
540~720	540~600	压缩	做功	排气	压缩	进气	排气
540~720	600~660	压缩	做功	进气	做功	进气	排气
540~720	660~720	压缩	排气	进气	做功	压缩	排气

（3）曲轴扭转减振器。发动机工作时，由于经连杆传给曲轴的作用力呈周期性变化，

所以曲轴旋转的瞬时角速度也呈周期性变化。安装在曲轴后端的飞轮，由于转动惯量很大，可以看作等速运动，这造成曲轴相对飞轮转动时快时慢，使曲轴产生扭转振动。当振动频率与曲轴的自振频率呈整数倍关系时，曲轴扭转振动便因共振而加剧，从而引起功率损失、正时齿轮或链条磨损增加，严重时甚至会将曲轴扭断。为了削减曲轴的扭转振动，有的发动机在曲轴前端装有扭转减振器。

常用的扭转减振器有橡胶式、摩擦式和黏液（硅油）式等形式。

2）飞轮

飞轮的功能是将做功行程的部分能量存储起来，以便在其他行程带动曲柄连杆机构工作；提高曲轴运转的均匀性和克服发动机短时的超负荷；将发动机的动力传给离合器。

飞轮是一个转动惯量很大的圆盘，在它的外缘上压有一个起动用的齿圈，在发动机起动时与起动机齿轮啮合，带动曲轴旋转，如图 2-38 所示。有些飞轮上通常刻有第一缸点火正时记号，以便校准点火时间，如图 2-39 所示。

图 2-38 飞轮

图 2-39 飞轮上的正时记号

3）滑动轴承（轴瓦）

发动机滑动轴承主要包括连杆衬套、连杆轴承、曲轴主轴承和曲轴止推轴承等。

（1）连杆轴承。连杆轴承和曲轴主轴承均承受交变载荷和高速摩擦，因此轴承材料必须具有抗疲劳强度高、摩擦小、耐磨损和耐腐蚀等特点。

连杆轴承包括连杆上瓦和连杆下瓦，如图 2-40 所示，其安装在连杆和曲轴的连接部位，具有耐磨、连接、支撑、传动作用。

（2）曲轴主轴承。曲轴主轴承俗称"大瓦"，如图 2-41 所示，装于主轴承座孔中，将曲轴支承在发动机的机体上。为了向连杆轴承输送润滑油，在主轴承上都开有周向油槽和通油孔。

（3）曲轴止推轴承。

汽车在行驶时，由于驾驶人员在踩踏离合器时会对曲轴施加轴向推力，所以可能使曲轴发生轴向窜动。为了保证曲轴轴向的正确定位，需装设止推轴承，以保证曲轴受热膨胀时能自由伸长。曲轴止推轴承有翻边轴瓦（如图 2-42 所示）、半圆环止推片和止推轴承环 3 种形式。

图 2-40 连杆轴承

图 2-41 曲轴主轴承

图 2-42 翻边轴瓦

任务 2　机体组的检测与维修

1. 气缸体检测与维修

发动机运转时，由于气缸体是在高温、高压、骤冷和交变载荷的条件下工作的，所以在使用中，气缸体容易发生各种损伤。这些损伤将破坏零件的正常几何形状，造成发动机漏气、漏水、漏油等现象，以致影响发动机的装配质量和工作能力。

1) 气缸体变形的检测与维修

气缸体在使用过程中发生变形是普遍现象。气缸体变形主要表现为端面的翘曲以及和其配合平面的相对位置的误差增加。

(1) 气缸体变形的检验。气缸体是否翘曲变形采用直尺和塞尺进行检测。具体检测方法参见气缸盖变形的检测部分。

(2) 气缸体变形的修理。若气缸体发生变形，可根据气缸体的变形程度采取不同的修理方法。如果气缸体的平面度误差在整个平面上不大于 0.05 mm 或仅有局部不平，那么可用刮刀刮平；如果气缸体的平面度误差较大，那么可采用平面磨床进行磨削加工修复，但加工量不能过大，否则会影响压缩比。

2) 气缸体裂纹的检测与维修

气缸体发生裂纹的部位与其结构、工作条件和操作方法等有关。

(1) 气缸体裂纹的检验。若气缸体外部有明显的裂纹，则可通过肉眼直接观察到；对于细微裂纹和内部裂纹，一般在与气缸盖装合后进行水压检验，如图 2-43 所示。检验方法：将气缸盖和气缸衬垫装在气缸体上，将水压机出水管接头与气缸前端水泵入水口处连接好，并封闭所有水道口，将水压入水套，在 0.3~0.4 MPa 的压力下，保持约 5 min，应没有任何渗漏现象，如有水珠渗出，则表明该处有裂纹。

(2) 气缸体裂纹的修理。在对气缸体裂纹进行修理时，若出现漏气、漏水、漏油等现象，一般予以更换；对于未影响到燃烧室、水道、油道的裂纹，根据裂纹的大小、部位、损伤程度等情况选择黏结、焊接等修理方法进行修补。

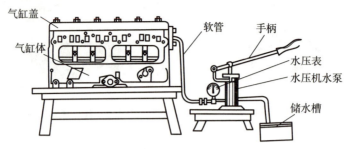

图 2-43　气缸体水压检验

3）气缸磨损的检测与维修

气缸体磨损主要发生在气缸、曲轴主轴承轴承孔和后端面等部位。其中，活塞在气缸中作高速运动，长时间工作后磨损达到一定程度时，将引起发动机动力性、经济性明显下降。发动机是否需要大修，主要取决于气缸的磨损程度。

（1）气缸的磨损规律。气缸正常磨损的特征是不均匀磨损。气缸孔沿高度方向磨损成上大下小的倒锥形，最大磨损部位是活塞处于上止点时第一道活塞环对应的气缸壁位置，而该位置以上几乎无磨损，从而形成明显的"缸肩"。气缸沿圆周方向的磨损形成不规则的椭圆形，其最大磨损部位一般是前后或左右方向。

（2）气缸磨损程度的衡量指标。车型不同，选用的磨损程度的衡量指标也不同。有的车型气缸磨损程度用圆度误差和圆柱度误差来衡量；有的车型气缸磨损程度用标准尺寸和磨损后的最大尺寸差值来衡量；还有的车型气缸磨损程度直接用气缸最大磨损尺寸来衡量。具体的气缸磨损程序的衡量指标应以各自车型的维修手册为准。

（3）气缸磨损的修理。当发动机中磨损量最大的气缸磨损程度超过规定标准时，应进行修理。

气缸磨损的修理通常采用机械加工的方法，即修理尺寸法和镶套修复法。

①修理尺寸法是指在零件结构、强度和强化层允许的条件下，将配合副中主要件的磨损部位经过机械加工至规定尺寸，恢复其正确的几何形状和精度，然后更换相应的配合件，使尺寸改变而配合性质不变的修理方法。修复后的尺寸称为修理尺寸，其对于孔件是扩大了的，而对于轴件却是缩小了的。

②镶套修复法是指对于经多次修理，直径超过最大修理尺寸，或气缸壁上有特殊损伤时，对气缸套承孔进行加工，用过盈配合的方式镶上新的气缸套，使气缸恢复到原来尺寸的修理方法。

2. 气缸盖检测与维修

气缸盖在气缸的工作过程中的损伤形式主要有变形、裂纹和螺纹孔损坏等。

1）气缸盖变形的检测与维修

气缸盖变形主要是指与气缸体结合的下平面的平面度误差超限的现象。

（1）气缸盖变形的检验。检验方法如图 2-44 所示，将气缸盖翻过来，与测量缸体平面度的方法相同，把直尺放到气缸盖下表面，用厚薄规检查气缸盖的平面度。

（2）气缸盖变形的修理。由于气缸盖平面度超出限值会引起发动机漏水、漏气甚至冲坏气缸衬垫等故障，所以应予以修理或更换。其修理方法与气缸体平面度的修复方法

汽车发动机检测与维修
实训手册

班级：_____

姓名：_____

小组：_____

北京理工大学出版社
BEIJING INSTITUTE OF TECHNOLOGY PRESS

目 录
CONTENTS

实训项目1　发动机的结构及原理 …………………………………… 001
实训项目2–1　检测气缸压力 ……………………………………… 005
实训项目2–2　机体组的拆装与维修 ……………………………… 008
实训项目2–3　活塞连杆组的拆装与维修 ………………………… 014
实训项目2–4　曲轴飞轮组的拆装与维修 ………………………… 019
实训项目3–1　气门组的拆装与维修 ……………………………… 023
实训项目3–2　检测、更换和调整正时皮带 ……………………… 029
实训项目3–3　检测液压挺柱和更换气门油封 …………………… 034
实训项目4　冷却系统的检测与保养 ……………………………… 039
实训项目5　润滑系统的检测与保养 ……………………………… 044
实训项目6–1　检测喷油器 ………………………………………… 046
实训项目6–2　检测凸轮轴位置传感器（霍尔式） ……………… 048
实训项目6–3　检测曲轴位置（发动机转速）传感器 …………… 050
实训项目6–4　检测空气流量计 …………………………………… 052
实训项目6–5　检测冷却液温度传感器 …………………………… 054
实训项目6–6　检测氧传感器 ……………………………………… 056
实训项目7–1　检测双缸点火系统的点火模块 …………………… 058
实训项目7–2　检测爆震传感器 …………………………………… 062

实训项目 1
发动机的结构及原理

一、实训教学目标

(1) 了解发动机在汽车上的安装位置、连接关系、驱动的附属装置等；
(2) 初步认识发动机各机构和系统的组成、作用、安装及连接等；
(3) 初步认识发动机各零部件的安装位置、配合关系、组成及功能等。

二、实训时间

实训时间为 90 min。

三、实训器材

实训器材如表 1-1 所示。

表 1-1　实训器材

实车	发动机剖面模型（汽油）

发动机剖面模型（柴油）	发动机拆解模型

四、操作步骤

（1）观察发动机在汽车上的安装位置、连接关系、驱动的附属装置。

①打开几种品牌的汽车发动机舱室，学生分组观察发动机在汽车上的安装位置、连接关系、驱动的附属装置。几款轿车发动机舱室如图1-1~图1-3所示。

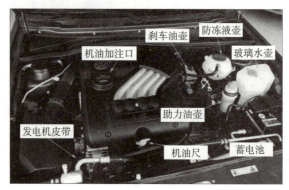

图1-1 发动机舱室（一）

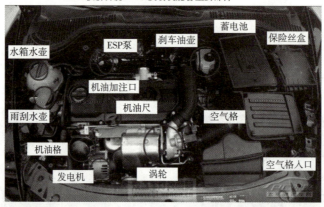

图1-2 发动机舱室（二）

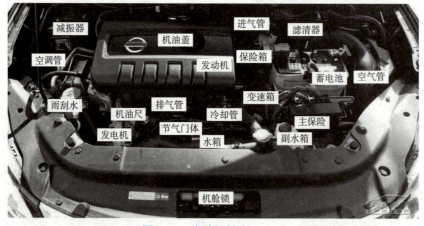

图1-3 发动机舱室（三）

观察并思考如下问题：

a. 发动机是怎么固定在车身上的？其布置形式是怎样的（纵置或横置）？

b. 发动机舱室内都有哪些零部件？各零部件的功能是什么？

c. 发动机的动力是如何传递到车轮上的？除传递动力外它还驱动哪些附属设备？

②教师根据各小组的回答情况，演示并讲解发动机的固定方式及布置形式，舱室内零部件的名称、功能，以及发动机动力传递和驱动的附属设备等。

(2) 认识发动机各机构和系统的组成、作用、安装及连接等。

①学生分组观察发动机剖面模型，指出发动机各机构和系统在发动机中的安装位置及配合关系。发动机剖面模型如图1-4和图1-5所示。

图1-4 汽油机剖面模型

图1-5 柴油机剖面模型

观察并思考如下问题：

a. 曲柄连杆机构的结构组成、安装位置和功能是怎样的？

b. 配气机构的结构组成、安装位置和功能是怎样的？

c. 冷却系统、润滑系统、燃油供给系统、点火系统和起动系统的结构组成、安装位置和功能是怎样的？

②教师根据各小组的回答情况，演示并讲解发动机曲柄连杆机构、配气机构、冷却系统、润滑系统、燃油供给系统、点火系统和起动系统的结构组成、安装位置和功能。

(3) 认识发动机曲柄连杆机构零部件的安装位置、配合关系、作用及组成等。

①学生分组观察经拆解后的发动机零部件，指出发动机各零部件的安装位置、配合关系、作用及组成等。

在发动机拆解实训台上，找出图1-6所示机体组零部件，了解其功能。

在发动机拆解实训台上，找出图1-7所示活塞连杆组零部件，了解其功能。

在发动机拆解实训台上，找出图1-8所示曲轴飞轮组零部件，了解其功能。

②教师根据各小组的回答情况，演示讲解发动机曲柄连杆机构、配气机构、冷却系统、润滑系统、燃油供给系统、点火系统和起动系统各零部件的安装位置、配合关系、组成及功能等。

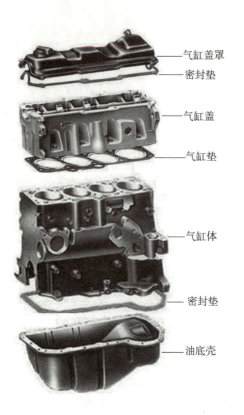

图1-6　机体组

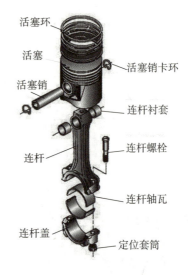

图1-7　活塞连杆组

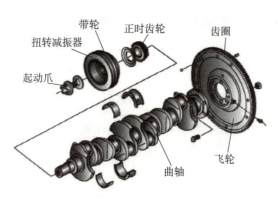

图1-8　曲轴飞轮组

实训项目 2-1
检测气缸压力

一、实训教学目标

(1) 了解发动机气缸压力检测的作用；
(2) 熟悉发动机气缸压力表的类型和使用方法；
(3) 掌握检测发动机气缸压力的操作技能；
(4) 能够分析发动机气缸压力低的故障原因。

二、技术标准与要求

(1) 蓄电池性能正常；
(2) 速腾 BWH 发动机气缸压力值：标准值为 1 000 ~ 1 300 kPa，极限值为 750 kPa；
(3) 速腾 BWH 发动机正常工作温度为 90 ℃ ~ 105 ℃；
(4) 检测气缸压力前，先用吹气枪将发动机上部的尘埃、杂物清理干净，严防异物掉入气缸内；
(5) 每个气缸检测次数不少于 2 次。

三、实训时间

实训时间为 45 min。

四、实训器材

实训器材如表 2-1-1 所示。

表 2-1-1 实训器材

气缸压力表	清洁用吹气枪
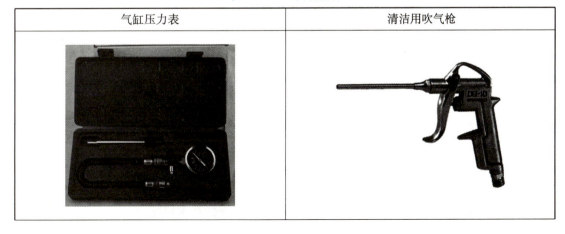	

续表

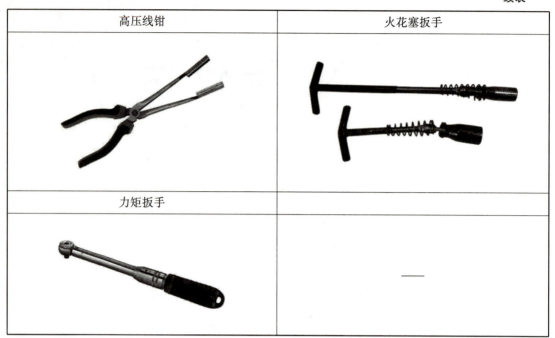

高压线钳	火花塞扳手
力矩扳手	—

五、操作步骤

（1）作业准备。

安装四件套，拉紧手制动，将变速器置于空挡。

（2）预热发动机。

起动发动机，保持高怠速转速，当发动机水温达到 90 ℃时，关闭点火开关，停止发动机运转。

（3）拆卸发动机装饰罩。

（4）清洁发动机上部。

用吹气枪将发动机上部的灰尘和杂物清理干净，尤其注意火花塞孔附近不能有沙粒等杂物，以免拆卸火花塞时掉入气缸内。

（5）取下高压分缸线。

检查高压分缸线标记，如没有各缸标记，需要粘贴各缸高压线标记，以免检测后插错。

用高压线钳从火花塞上拔下各缸高压线。

（6）拔下点火模块电插头

按住点火模块电插头卡扣，拔下电插头，防止检测气缸压力时高压线跳火。

（7）拆下燃油泵继电器

在配电器盒上找到燃油泵继电器，从配电器盒上拆下燃油泵继电器，防止检测气缸压力时燃油泵和喷油器工作。针对不同车型按照简单方便的原则也可拔下喷油器插头或喷油器熔断器。

（8）拆卸火花塞

用火花塞扳手依次拆卸各缸火花塞，顺便检测火花塞的技术状况。

（9）检测发动机气缸压力。

将装配好的气缸压力管接头用手旋入火花塞座孔内，注意对正螺纹，以防止螺纹损伤，另外要用手旋紧，以防止测量时漏气，影响测量值的准确性。

安装完毕后通知助手起动发动机 3~5 s，当气缸压力表指针不再上升时，通知助手关闭点火开关，读取并记录测量值。按下气缸压力表卸压阀，再检测一次，如两次读数相同，则同样进行其他缸的测量。各缸测量完毕后，卸下气缸压力表，擦拭后分解装入盒内。

如果气缸压力较低，就通过火花塞孔向气缸内倒入少量的发动机机油，并再次检测。如果加入机油有助于改善压缩，则很可能是活塞环或缸壁磨损或损坏。如果压力仍然较低，可能是气门体卡住或密封不严，也可能是气缸垫烧蚀而有泄漏，但气缸垫烧蚀泄漏时，往往相邻两缸的压力值都低并且压力值相近。

（10）安装火花塞。

把火花塞装入火花塞扳手内，注意对正螺纹，用手将火花塞旋入螺纹孔内，再用扭力扳手扭到规定力矩。

（11）安装高压分缸线。

使用高压线钳按照标记将各缸高压分缸线插入各缸火花塞上，整理位置并固定好。

（12）安装点火模块插头。

（13）安装燃油泵继电器。

（14）安装发动机装饰罩。

（15）安装汽车故障诊断仪，起动发动机，打开汽车故障诊断仪，清除故障码。

（16）整理工位。

实训项目 2-2

机体组的拆装与维修

一、实训教学目标

(1) 掌握曲柄连杆机构的组成及零部件配合关系；
(2) 掌握曲柄连杆机构的拆装顺序和技术要求；
(3) 掌握气缸及气缸盖变形量的检测方法和技术要求；
(4) 掌握气缸磨损量的检测方法和技术要求。

二、实训时间

实训时间为 90 min。

三、实训器材

实训器材如表 2-2-1 所示。

表 2-2-1　实训器材

带翻转架 BWH 发动机实训台（不带附件）	世达组合工具 9510（150 件套）
活塞环压紧器	气缸盖检测专业刀口尺（500 mm）

续表

千分尺	塞尺
量缸表	磁力表座
力矩扳手	橡胶锤

四、操作步骤

1. 机体组的拆卸

放净油底壳内的机油。

1）拆卸气缸盖

（1）按从外到内以交叉顺序松开气缸盖罩盖固定螺母，拆下气缸盖罩盖，拿出挡油罩。

（2）如图2-2-1所示，按由外到内的拆卸顺序松开气缸盖固定螺栓，拆卸气缸盖并小心放在工作台上。

（3）拆下气缸垫，并检查气缸垫缸孔周围的密封情况。

2）拆卸油底壳及机油泵

（1）翻转发动机使发动机油底壳向上，按从外到内的

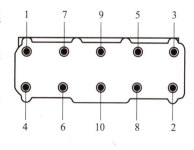

图2-2-1 拆卸气缸盖螺栓顺序

交叉顺序松开油底壳固定螺丝,拆卸油底壳放在工作台上。

(2) 拆下油底上挡油罩,拆卸曲轴前、后油封盖(密封法兰)。

(3) 松开机油泵驱动链张紧器螺栓,取下张紧器及弹簧,松开机油泵固定螺栓,拆下机油泵。

3) 拆卸活塞连杆组

(1) 在活塞上做好顺序标记,将发动机台架旋转到大约水平位置,旋转曲轴到合适位置,拆卸两个缸的连杆轴承盖。注意:将轴瓦安放在其轴承盖,用连杆螺栓把轴承盖连接到相对应的连杆上,以免混淆。

(2) 旋转曲轴约180°,用同样的方法拆卸另外两个缸的活塞连杆组,把拆下的4个活塞连杆组按顺序摆放好,以便检测和安装。

4) 拆卸曲轴

(1) 检查曲轴轴承盖的位置及方向标记,松开轴承盖螺栓,取下轴承盖依次摆放在工作台上,将每道轴瓦放到轴承盖内。

(2) 小心抬出曲轴摆放到工作台上,把每道轴承的另一半轴瓦取下并做好记号,放在对应的轴承盖上。

2. 检测气缸盖和气缸体的变形及磨损情况

1) 检测气缸盖及气缸体的变形情况

把气缸盖下部朝上平放在工作台上,如图2-2-2和图2-2-3所示,用刀口尺沿对角线和纵轴线贴靠在被测平面上,在刀口尺与被测平面间的缝隙处插入塞尺,塞尺所测数值最大者即气缸盖翘曲变形量,最大允许变形量为0.1 mm。用同样的方法测量气缸体变形量,最大允许变形量为0.1 mm。

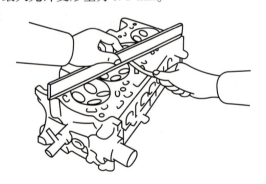
图2-2-2 检测气缸盖平面度

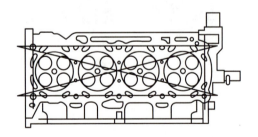
图2-2-3 检测气缸盖平面度测量位置

2) 缸体磨损量的测量

注意:缸体磨损量的测量,要求把缸体平放在工作台上,在翻转架上测量会影响测量精度。

(1) 根据被测气缸的标准直径选择并校准外径千分尺,再将外径千分尺调到被测气缸的标准直径。

(2) 组装量缸表。

①安装表头。将百分表的夹装套筒擦净,小心地装进测杆上端的弹簧卡头内。安装时,

为保证百分表的测杆与量缸表的连动机构完全接触，安装表头时应该使小指针转动一格或指向一刻度，然后紧固弹簧卡头，加紧力不宜过大，拨动活动测杆，检测百分表的灵敏度和稳定性。

要求：为保证百分表的测杆与量缸表的连动机构完全接触，安装表头时应该使小指针转动一格或指向一刻度，检测时报出正在检查百分表的灵敏度和稳定性。

②选装接杆。根据气缸的标准直径，选择相应尺寸的测量接杆，套上固定螺母。把接杆装到接杆座上，但暂时不固定。

③调定接杆。将量缸表的测杆长度调整为"标准缸径＋预紧量"（大车＋2 mm，小车＋1 mm），锁紧固定螺母。

（3）量缸表校零。将百分表的测杆卡在千分尺之间，调整百分表的大表盘上的零刻度与大指针对齐。

（4）清洁被测气缸。用干布擦拭4个气缸壁。

（5）测量并记录数据。测量气缸的横向、纵向的上、中、下部位并记录所测得的数据。如图2-2-4所示，气缸所要测的上、中、下3个测量断面的位置分别如下：

上部：气缸体上边缘以下约10 mm处；

中部：位于活塞上、下止点中间的位置；

下部：气缸体下边缘以上约10 mm处。

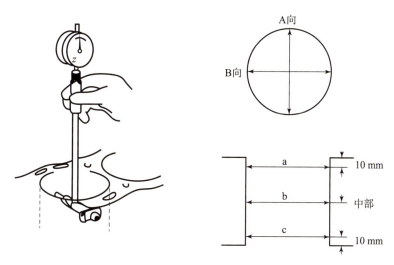

图2-2-4 检测气缸圆柱度

（6）确定圆度、圆柱度误差及最大磨损量。不同品牌气缸磨损情况的计量方法不同，有的品牌用圆度和圆柱度表达，有的品牌用最大磨损量表达。具体采用哪种，以该品牌维修手册为准。

①圆度误差：同一断面上测量的最大与最小直径差值的一半，把在所有测量断面上测量到的最大圆度误差作为气缸的圆度误差。

②圆柱度误差：在所有测得的断面内所测出的读数中最大与最小直径差值的一半。

③最大磨损量：所测得的最大磨损直径减去气缸标准尺寸或上次修理尺寸。

大众 BWH 发动机相对于额定尺寸的最大偏差为 0.08 mm。若超过最大偏差则应镗缸或更换新缸体。

气缸磨损量数据记录表如表 2-2-2 所示。

表 2-2-2 气缸磨损量数据记录表

气缸测量	一缸		二缸		三缸		四缸	
	X	Y	X	Y	X	Y	X	Y
上								
中								
下								
气缸磨损量								
技术标准								
维修方案:								

3. 发动机装配

清洁全部零部件后，用压缩空气吹净，按照与拆卸相反的顺序进行零部件装配。注意：各部件装配记号对正，摩擦表面要涂抹机油，各部件应按规定力矩拧紧。

1）安装曲轴

（1）按照记号把主轴承瓦片安装到缸体主轴承座上，并在其摩擦表面涂抹干净的机油，注意不要混淆运转过的轴瓦。

（2）把曲轴轻放在带瓦片的主轴承座上，把各道已装上瓦片并涂抹好机油的轴承盖安装到缸体轴承座上。注意：方向位置不要弄错。

（3）采用 40 N·m+90°（1/4 圈）二次紧固法，即用扭力扳手分别对每道主轴承盖的两个螺栓用 40 N·m 力矩进行扭紧，然后再分别扭紧 90°（1/4 圈）。注意：安装后用手扳支曲轴应转动自如，否则必须查明原因。

2）安装活塞连杆组

（1）把安装好曲轴的缸体翻转 180°直立，将曲轴转到 1、4 缸下止点位置。

（2）在 1 缸和 4 缸的活塞环上涂抹干净的机油，然后把活塞环开口按要求错开 120°，用活塞环压紧器把活塞环可靠收紧，放入对应的气缸后，用橡胶锤手柄轻轻敲击，直到活塞顶全面进入气缸。注意：敲击时如果感觉敲不动，要检查活塞环是否可靠压紧，敲击时不能用力过大。

（3）把放入气缸的两个活塞推入到连杆瓦与连杆轴颈可靠接触，注意不要磕碰到曲轴。把缸体翻转 90°，按照记号和方向安装两个已装入瓦片并涂抹好机油的连杆轴承盖，用扭力扳手分两次 30 N·m+90°（1/4 圈）将连杆轴承盖安装到连杆上。

（4）再把曲轴转动 180°，让 2、3 缸位于下止点位置，把缸体直立，用同样的方法对 1、

4缸活塞连杆组进行装配。

3）安装机油泵及油底壳

(1) 转动发动机，使曲轴箱向上，安装机油泵和挡油板，机油泵固定扭紧力矩为15 N·m。

(2) 安装机油泵链条张紧器与张紧导轨，张紧器固定螺栓的扭紧力矩为15 N·m。

(3) 安装曲轴前、后油封法兰，注意先在油封上涂抹干净的机油，前、后油封法兰固定螺栓的扭紧力矩为15 N·m，拧紧法兰固定螺栓时注意交叉对角分两次拧紧。

(4) 在油底壳密封面涂密封剂。如图2-2-5所示，将管口从前部的标记处剪开（喷嘴直径约3 mm）。将硅胶密封剂涂到油底壳干净的密封面上，密封剂条必须为2~3 mm厚，并沿着螺栓孔区域的内侧（箭头所示）。油底壳涂覆硅胶密封剂后必须在5 min内安装。

将所有紧固到气缸体的油底壳螺栓轻轻地以交叉方式拧紧，将紧固到变速箱的油底壳螺栓略微拧紧。

再一次将所有固定在气缸体上的油底壳螺栓略微地以交叉方式进一步拧紧。

最后将紧固在变速箱上的油底壳螺栓用40 N·m的力矩拧紧，将所有固定在气缸体上的油底壳螺栓以交叉方式用15 N·m拧紧。

注意：装配油底壳后必须让密封剂干燥约30 min后才能加注发动机机油。

4）安装气缸盖

注意：在气缸体上的气缸盖螺栓盲孔中不允许有油或冷却液；在安装前从包装中直接取出新的气缸盖垫；更换气缸盖螺栓。

(1) 检查和清洁气缸上平面，取出气缸垫，看好上、下面和方向标记后小心地安放到气缸上平面。将气缸盖小心地放在气缸上正确的位置。

(2) 按照图2-2-6所示的拧紧顺序，分3次拧紧气缸盖螺栓。第一次用扭力扳手以40 N·m的力矩拧紧，第二次用固定扳手继续旋转90°（1/4圈），第三次用固定扳手继续旋转90°（1/4圈）。

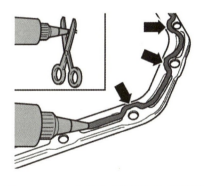

图2-2-5 在油底壳密封面涂密封剂

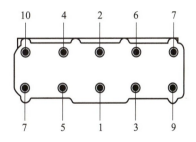

图2-2-6 气缸盖螺栓安装顺序

实训项目 2-3
活塞连杆组的拆装与维修

一、实训教学目标

(1) 掌握活塞连杆组的组成及零部件配合关系；
(2) 掌握活塞连杆组的拆装顺序和技术要求；
(3) 掌握活塞和活塞环的检测方法和技术要求。

二、实训时间

实训时间为 90 min。

三、实训器材

实训器材如表 2-3-1 所示。

表 2-3-1　实训器材

带翻转架 BWH 发动机实训台（不带附件）	世达组合工具 9510（150 件套）
活塞环压紧器	气缸盖检测专业千分尺（500 mm）

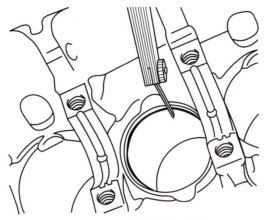

图 2-3-5　测量活塞环端隙

表 2-3-3　活塞环开口间隙

	新环/mm	磨损极限/mm
第一道压缩环	0.20～0.40	0.80
第二道压缩环	0.20～0.40	0.80
两件组合式油环	0.20～0.40	0.80
三件组合式油环	0.25～0.50	0.80

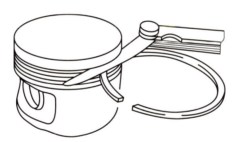

图 2-3-6　检查活塞环侧隙

表 2-3-4　活塞环侧

	新环/mm	磨损极限/mm
第一道压缩环	0.06…0.09	0.20
第二道压缩环	0.06…0.09	0.20
油环	0.03…0.06	0.15

（7）检测连杆衬套与活塞销的配合间隙。

连杆衬套与活塞销的配合间隙的测量方法如图 2-3-7 所示，用测量连杆衬套内孔尺寸减去活塞销尺寸即配合间隙，在常温下应有 0.005～0.01 mm 的间隙，若不符合，则应更换连杆。也可用简单的方法检测配合间隙，把活塞销和连杆衬套清洗并吹净后，涂上干净的机油，应能推入转动自如，但不能感觉有间隙，即两者配合间隙正常。

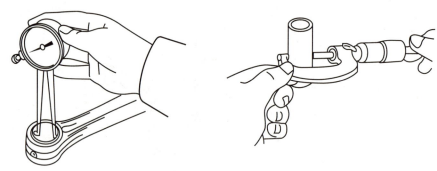

图 2-3-7　检测连杆衬套与活塞销的配合间隙

（8）装配活塞销。

①如图 2-3-8 所示，用螺丝刀将新的卡簧安装在活塞销孔的一端，确保卡簧的末端缺口与活塞上的销孔缺口部分对准。

②如图 2-3-9 所示，检查活塞和连杆的朝前标记（A）是否正确，并用拇指推入活塞销，用螺丝刀将新的卡环安装在活塞销孔的另一端，确保卡环的末端缺口与活塞上的销孔缺口部分对准。

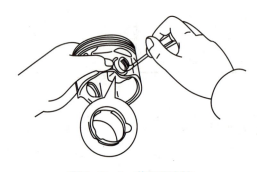

图 2-3-8　装配活塞销

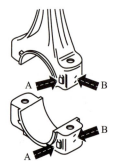

图 2-3-9　检查连杆对应位置

③活塞销安装完毕后，应检查活塞与活塞销的配合情况。

（9）安装活塞环。

如图 2-3-10 所示，用活塞环拆装钳先安装油环，再安装第二道气环，最后安装第一道气环。注意：在安装前一定要检查气环标记，确保标记朝上。

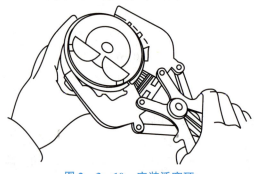

图 2-3-10　安装活塞环

（10）装配曲柄连杆机构（见实训项目 2-2 相关内容）。

实训项目 2-4

曲轴飞轮组的拆装与维修

一、实训教学目标

(1) 掌握曲轴飞轮组的组成及零部件配合关系；
(2) 掌握曲轴飞轮组的拆装顺序和技术要求；
(3) 掌握曲轴及配合间隙的检测方法和技术要求。

二、实训时间

实训时间为 90 min。

三、实训器材

实训器材如表 2-4-1 所示。

表 2-4-1　实训器材

带翻转架 BWH 发动机实训台（不带附件）	世达组合工具 9510（150 件套）
活塞环压紧器	气缸盖检测专业千分尺（500 mm）

续表

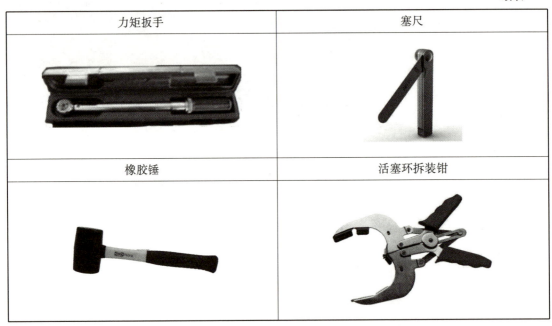

四、操作步骤

(1) 拆卸气缸盖（见实训项目 2 – 2 相关内容）。

(2) 拆卸油底及机油泵（见实训项目 2 – 2 相关内容）。

(3) 拆卸活塞连杆组（见实训项目 2 – 2 相关内容）。

(4) 拆卸曲轴飞轮组（见实训项目 2 – 2 相关内容）。

(5) 检测曲轴弯曲程度。

如图 2 – 4 – 1 所示，调整表架并用百分表顶住曲轴中间的主轴颈，转动曲轴一周，百分表指针摆动的数值即曲轴跳动量。若跳动量超过 0.03 mm，则应更换曲轴。

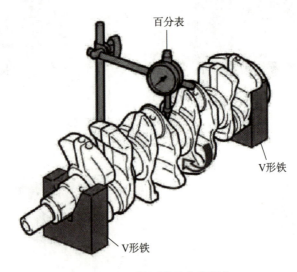

图 2 – 4 – 1　检测曲轴弯曲程度

(6) 检测曲轴轴颈的圆度和圆柱度。

如图 2-4-2 所示,在两个互成 90°的方向检测曲轴主轴颈和连杆轴颈,对照表 2-4-2 所示,如曲轴的圆度和圆柱度超过 0.02 mm,则应进行维修或更换。

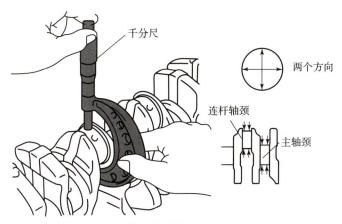

图 2-4-2 检测曲轴轴颈的圆度及圆柱度

表 2-4-2 曲轴主轴颈和连杆轴颈尺寸

磨损尺寸	曲轴主轴颈	曲轴连杆轴颈
基本尺寸	$54.00_{-0.037}^{-0.017}$	$47.80_{-0.042}^{-0.022}$
等级 I	$53.75_{-0.037}^{-0.017}$	$47.55_{-0.042}^{-0.022}$
等级 II	$53.50_{-0.037}^{-0.017}$	$47.30_{-0.042}^{-0.022}$

(7) 检测曲轴轴向间隙。

如图 2-4-3 所示,在曲轴前端用磁力表架固定百分表,在用螺丝刀撬动曲轴的同时表针摆动的数值即曲轴轴向间隙。新轴轴向间隙为 0.07~0.23 mm;磨损极限为 0.30 mm。

(8) 检测曲轴径向间隙。

如图 2-4-4 所示,在被测轴颈放入塑料间隙规,按规定力矩扭紧轴承盖,用间隙规标尺测出径向间隙值。若最大间隙值超过 0.06 mm,则应更换轴瓦,必要时更换曲轴。

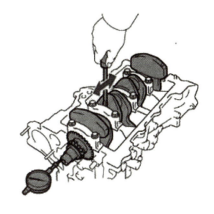

图 2-4-3 检测曲轴轴向间隙

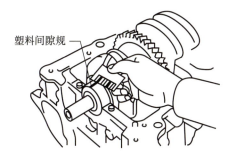

图 2-4-4 检测曲轴径向间隙

（9）对于大众 BWH 发动机，当轴瓦出现磨损而曲轴符合技术要求时，可更换轴瓦。更换轴瓦的技术要求如下：

必须安装多厚的轴承，安装在什么位置，都用字母标记在气缸体的下密封面上。如图 2-4-5 所示，出厂时上部轴瓦已按正确厚度装配到气缸体。彩色点用于记录轴瓦厚度（R＝红色，G＝黄色，B＝蓝色，W＝白色）。

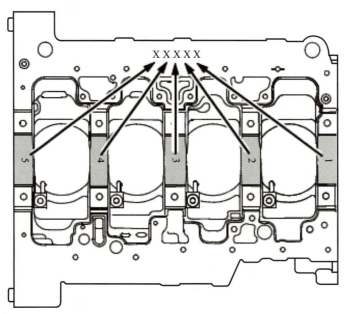

图 2-4-5　上部曲轴轴承的标记

注意：箭头方向为行驶方向。
如果不再能看出彩色标记，就用蓝色的轴瓦。
下部曲轴轴瓦作为备件时，原则上用黄色标记。

实训项目 3-1

气门组的拆装与维修

一、实训教学目标

（1）掌握气门组的组成及零部件配合关系；
（2）掌握气门组的拆装顺序和技术要求；
（3）掌握气门组的检测、维修和技术要求。

二、实训时间

实训时间为 90 min。

三、实训器材

实训器材如表 3-1-1 所示。

表 3-1-1　实训器材

带翻转架 BWH 发动机实训台（不带附件）	世达组合工具 9510（150 件套）
活塞环压紧器	气缸盖检测专业千分尺（500 mm）

续表

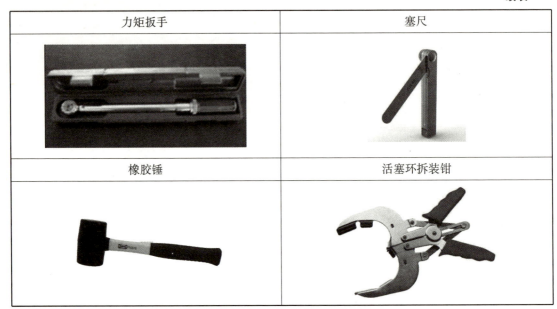

力矩扳手	塞尺
橡胶锤	活塞环拆装钳

四、操作步骤

（1）拆卸气缸盖（见实训项目2-2相关内容）。

（2）拆气门弹簧及气门油封。

拆卸气门前首先用尖锐金属或记号笔在气门头部顶面上画上记号，以免拆卸后各缸气门弄混。如图3-1-1所示，用气门拆卸工具压下气门弹簧，用镊子取下锁块、弹簧座、弹簧。

（3）气门导管的检测与更换。

①气门导管的检测。将气门插入导管内，直至气门杆端部与导管端面平齐。因气门杆直径略有不同，进、排气门应装入各自的导管内，如图3-1-2所示，晃动气门头部测量进、排气门与导管的间隙，其磨损极限均为0.60 mm。如果所测值超过磨损极限，应换上新气门再次测量。如果还超差，则须更换气门导管。

②气门导管的更换。首先检查气门座圈及气缸盖密封面是否可修整，若不能修整，则不应更换气门导管。如图3-1-3所示，在更换气门导管时，应先用游标卡尺测量导管高度并记下测量数值，然后在燃烧室侧插入气门导管冲子，用锤子敲出导管，敲击时保证沿导管轴线方向用力，以免敲断导管或损伤气缸盖。在更换新导管时，把导管从气缸盖上部插入导管，用气门导管冲子敲入导管，同样敲击时保证沿导管轴线方向用力，以免敲断导管或损伤气缸盖。注意：不同品牌汽车的发动机敲出或敲入气门导管

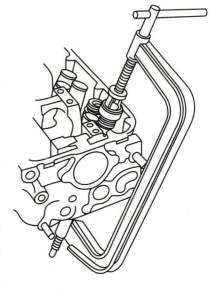

图3-1-1 拆卸气门

的方向可能不同，具体参见其维修手册。

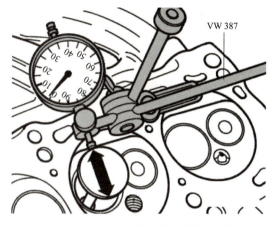

图 3-1-2　检测气门与导管的间隙

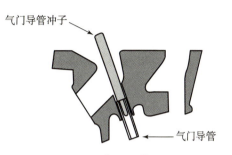

图 3-1-3　气门导管的更换

（4）确定带液压挺柱的气门座最大允许修整尺寸。

修理气门漏气的发动机时，仅研磨气门座及更换气门不足以解决问题，同时还须检查导管是否磨损，这对使用时间长的发动机尤为重要。气门座仅应修整到贴合状态良好即可，修整前须计算出最大允许修整尺寸。若超过最大允许修整尺寸，则不能保证液压挺杆正常工作，应更换气缸盖。

①计算最大允许修整尺寸。插入气门，紧压在气门座上。若气门本身需要换，则用新气门进行计算。

如图 3-1-4 所示，测量气门杆末端和气缸盖上缘之间的距离 a。根据测得的距离 a 和最小尺寸计算最大允许修整尺寸。

最小尺寸：进气门为 31.7 mm，排气门为 31.7 mm。

测得的距离 a - 最小尺寸 = 最大允许修整尺寸 b。

举例：32.0 mm（测得距离 a）- 31.7 mm（最小尺寸）= 0.3 mm（最大允许修整尺寸）。

如果最大允许修整尺寸等于 0 mm 或小于 0 mm，则换一新气门并再次测量。若测量结果仍为 0 mm 或小于 0 mm，则应更换缸盖。

②修整气门座。如图 3-1-5 所示，参照表 3-1-2 和表 3-1-3 的标准，对气门座进行修整。

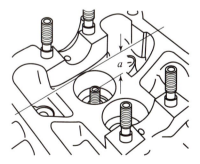

图 3-1-4　a 的测量位置

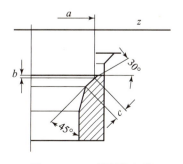

图 3-1-5　修整气门座

表 3-1-2　修整进气门座

尺寸		进气门座
a	mm	39，2
b	mm	最大允许修整尺寸
c	mm	1，8，…，2，2
z		气缸盖下缘
45°		气门座角度
30°		上修正角

表 3-1-3　修整排气门座

尺寸		排气门座
a	mm	32，4
b	mm	最大允许修整尺寸
c	mm	2，2，…，2，6
z		气缸盖下缘
45°		气门座角度
30°		上修正角

（5）铰削气门座圈。

气门铰削工艺如图 3-1-6 所示。

气门座一般应先粗铰后精铰，具体方法如下：

①修理气门座前，应检查气门导管，若不符合要求，则应先更换或修理气门导管，以保证气门座与气门导管的中心线重合。

②按气门头部直径和气门座各锥面角度选择一组合适的气门座铰刀。按气门导管内径选择合适的气门铰刀杆，铰刀杆插入气门导管应转动灵活而又不松旷。

③先用 45°（或 30°）的粗铰刀加工气门座工作锥面，直到全部露出金属光泽。

注意：铰削时，两手握住手柄并垂直向下用力，只作顺时针方向的转动，不允许倒转或只在小范围内转动。

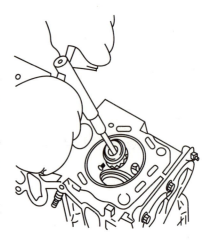

图 3-1-6　铰削气门座圈

④用修理好的气门或新气门进行试配，根据气门密封锥面接触环带的位置和宽度进行铰削修正。若接触环带偏向气门杆部，应用 75°的铰刀修正；若接触环带偏向气门顶部，应用 15°的铰刀修正。铰削好的气门座工作面宽度应符合规定，接触环带应处在气门密封锥面中部偏气门顶的位置。

⑤最后用 45°的细铰刀精铰气门座锥面，并在铰刀下面垫上细纱布修磨。

气门座圈的铰削顺序如图 3-1-7 所示。

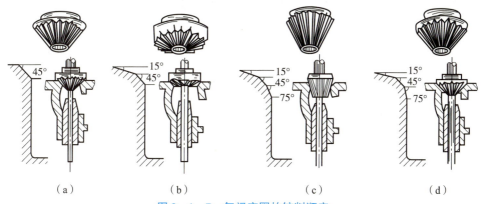

图 3-1-7 气门座圈的铰削顺序

(a) 粗铰；(b) 铰上口 (可用于接触面偏上时的调整操作)；
(c) 铰下口 (可用于接触面偏下时的调整操作)；(d) 精铰

（6）研磨气门与气门座。

气门座铰削好后，应在气门与气门座之间涂少许研磨砂进行研磨，以保证气门与气门座的密封性。

①将气缸盖倒置，用柴油洗净气门、气门座、气门导管，清除积炭，并在气门头端标示出顺序记号。

②在气门工作锥面上均匀涂抹一层粗研磨膏，在气门杆上涂少许机油，将气门杆插入气门导管内，用气门捻子吸住气门。

③如图 3-1-8 所示，研磨时，一边用手指搓动气门捻子的木柄，使气门单向旋转一定角度，一边将气门捻起一定高度后落下进行拍击。注意：始终保持单向旋转，应不断改变气门与气门座在圆周方向的相对位置。

④当气门磨出整齐、无斑痕和麻点的接触环带时，将粗研磨膏洗去，换用细研磨膏继续研磨，直到气门工作面出现一条整齐的灰色无光的环带时，洗去细研磨膏，涂上机油再研磨几分钟。

图 3-1-8 手工研磨气门

⑤最后洗净气门、气门座、气门导管。

研磨气门时应注意：研磨膏不宜过多，以免进入气门导管，造成气门杆与气门导管的早期磨损；在保证密封的前提下，研磨时间不宜过长，拍击力不宜过大，以防环带过宽，出现凹陷。

（7）气门密封性的检测。

①铅笔画线检测法：在气门工作面上用软铅笔沿径向每隔 4 mm 画一条线，使相配的气门与气门座接触，并转动气门 1/8～1/4 圈转后取出，如铅笔痕迹均已全部中断且接触在居中偏下，则表示密封性好；如果有的线未断或接触位置不对，则说明密封不严，需重新研磨。

②渗油检测法：将研磨好的气门及气门座清洗干净后，将气缸盖倒置，燃烧室一面朝上，再将进、排气门都放入相配的气门座内，用手轻压气门头部，确认气门完全落座后，在

燃烧室内倒入燃油，大约 5 min 后观察燃油是否减少，同时观察气门杆部有无燃油渗漏现象。若燃烧室内燃油减少明显，气门杆部有燃油出现，说明气门密封不严。

（8）气门组的装配。

①安装气门杆油封。如图 3-1-9 所示，将塑料套筒 A 套到相应的气门杆上。这样可以避免损坏新的气门杆密封件。将新的气门杆密封圈 B 装入气门杆密封圈的推杆中。给气门杆密封件密封唇涂油并小心地移动到气门导管上。

②如图 3-1-10 所示，气门组其他零件的组装工作大体上与拆卸顺序相反。注意：气门锁块要安装可靠，如图 3-1-11 所示，安装完气门锁块后用一个 5 mm 的销冲和塑料锤轻敲气门杆头以确保安装可靠。

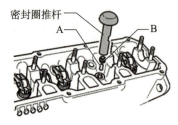

图 3-1-9　安装气门杆油封

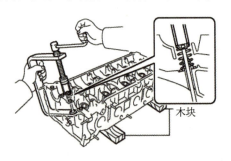

图 3-1-10　气门组的安装

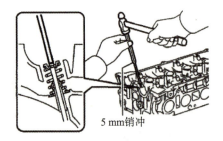

图 3-1-11　检查气门锁块是否安装可靠

实训项目 3-2
检测、更换和调整正时皮带

一、实训教学目标

(1) 了解检查、调整和更换发动机正时皮带的重要性；
(2) 熟悉 BWH 型发动机正时皮带的装配关系；
(3) 掌握检测、更换和调整 BWH 型发动机正时皮带的操作技能。

二、技术标准与要求

(1) 必须安装与 BWH 型发动机配套使用的正时皮带；
(2) BWH 型发动机正时皮带的张紧度为张紧后捏住皮带的中间，可翻转 90°；
(3) BWH 型发动机更换里程为 90 000 km，各种车型可参照其维修手册；
(4) 张紧轮压紧螺栓的规定力矩为 45 N·m；
(5) 在汽车进行保养时，若发现皮带出现磨损、老化、裂纹等现象，必须更换新品；
(6) 安装时，禁止将油、水等黏附到正时皮带上。

三、实训时间

实训时间为 45 min。

四、实训器材

实训器材如表 3-2-1 所示。

表 3-2-1 实训器材

10-222A 支撑工具	T10020 双孔螺母扳手

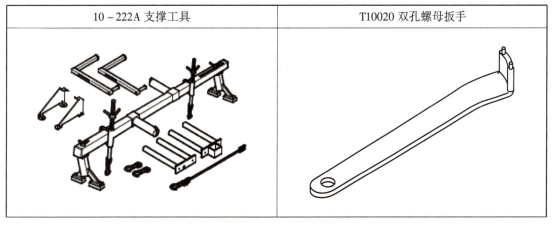

续表

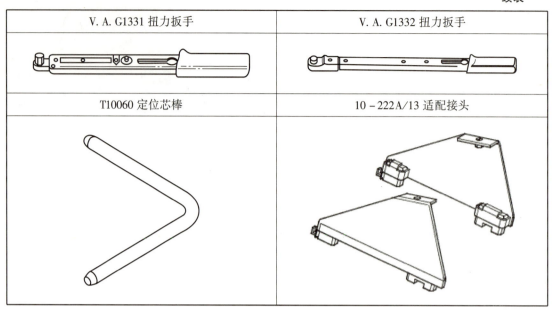

V. A. G1331 扭力扳手	V. A. G1332 扭力扳手
T10060 定位芯棒	10-222A/13 适配接头

五、操作步骤

1. 作业准备

（1）将车辆停驻在举升机的中央位置，为车辆的安全举升做好准备。

（2）打开发动机舱盖并支撑可靠。

（3）安装四件套，拉紧手制动，将变速器置于空挡。

2. 拆卸发动机下护板

（1）将车辆举升至适当高度，使举升机锁止。拆卸发动机下护板。注意：举升时车下不能站人或有人走动，要听到锁上响声，确认锁止，方可在车下作业。

（2）操纵举升机，使车辆可靠地降落至地面。

3. 拆卸齿形皮带上部护罩

（1）如图 3-2-1 所示，将紧固螺栓 1 垂直放置。

（2）用小螺丝刀将固定凸耳向上按压，然后取下正时皮带上部护罩。

4. 拆卸多楔带

（1）标出多楔带的转动方向。

（2）如图 3-2-2 所示，松开多楔带时应沿箭头方向摇动张紧元件。

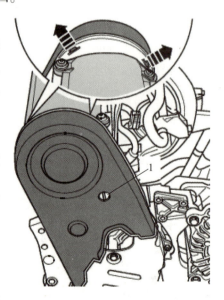

图 3-2-1 拆卸齿形皮带上部护罩

（3）如图 3-2-3 所示，用定位芯棒（T10060 A）锁住张紧元件，拆卸多楔带并取出定位芯棒。

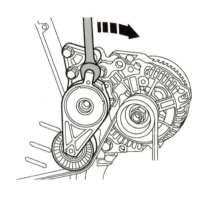

图3-2-2 摇动张紧元件

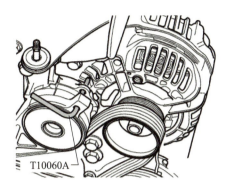

图3-2-3 用定位芯棒拆卸多楔带

5. 拆卸正时皮带

（1）拆下转向助力储液罐，并保持管路连接。

（2）拆下冷却液补偿罐放置一旁，并保持管路连接。

（3）拆下多楔带张紧轮。

（4）拆下正时皮带上部护罩。

（5）用支撑工具10 222A在安装位置支撑住发动机。

（6）拆下曲轴多楔带轮。

（7）将发动机支架下部的螺栓旋出。

（8）旋出总成支承/发动机支架的紧固螺栓，并将总成支承拆下。

（9）用支承工具10 222A将发动机吊起，直到能将发动机支架上部的两个螺栓松开并旋出为止。

（10）向上取出发动机的支架。

（11）拆下正时皮带护罩中段和下段。

（12）如图3-2-4所示，转动曲轴，带动凸轮轴正时齿轮转至1缸上止点处（凸轮轴正时齿轮的标记必须与正时皮带后护罩的标记平齐）。

（13）标记正时皮带的转动方向。

（14）松开张紧轮并取下正时皮带。

（15）然后将曲轴略微向反方向旋转。

6. 检查正时皮带

若发现下列3种情况，则必须更换新的正时皮带。

（1）正时皮带外表面有橡胶开裂、断层、严重磨损等现象。

（2）将正时皮带工作面稍作弯曲，带齿有剪切、脱层或齿根等现象。

（3）正时皮带达到规定的行驶里程。

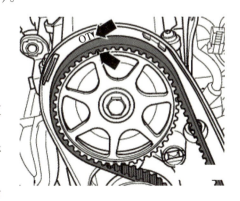

图3-2-4 凸轮轴正时齿轮的标记与后护罩的标记平齐

7. 安装正时皮带的步骤

提醒：如果曲轴停在 1 缸上止点处，在转动凸轮轴时会损坏气门/活塞头。发动机最高只允许有能用手触摸的温度。

（1）将正时皮带安装到曲轴正时齿轮和水泵上（注意转动方向）。

（2）安装正时皮带护罩的中部和下部。

（3）用新螺栓安装曲轴多楔带轮。拧紧力矩为 10 N·m + 90°（1/4 圈）。

（4）如图 3 – 2 – 5 所示，将曲轴置于 1 缸上止点位置。注意：标记必须对准箭头。

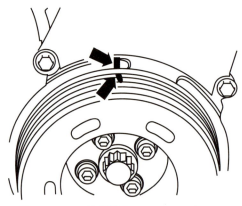

图 3 – 2 – 5　将曲轴置于 1 缸上止点位置

（5）将正时皮带安装到张紧轮和凸轮轴正时齿轮上（凸轮轴正时齿轮的标记必须与正时皮带后护罩的标记平齐）。注意：气缸盖中张紧轮的正确安装位置如图 3 – 2 – 6 所示。

（6）张紧正时皮带（沿箭头方向逆时针转动双孔螺母扳手 T10020，直至指针 2 位于切口 1 上），如图 3 – 2 – 7 所示。

（7）重复上一步骤（拉紧正时皮带）5 次，直到正时皮带到位。

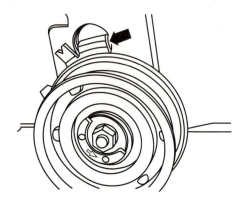
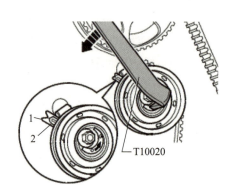

图 3 – 2 – 6　张紧轮的安装位置　　　　图 3 – 2 – 7　张紧正时皮带

（8）用 20 N·m 的力矩拧紧固定螺母。

（9）将曲轴沿发动机旋转方向继续转动两圈，直至发动机再次停到 1 缸上止点处。曲轴旋转过程中的最后 45°（1/8 圈）不能中断。

（10）再次检查正时皮带是否张紧。标准：指针和切口对准。

（11）再次检查曲轴和凸轮轴是否在 1 缸上止点处。

（12）如果标记无法对齐，重复以上工作步骤以张紧正时皮带。

（13）如果这些标记对齐，将发动机支架从上部安装到气缸体上，并以 45 N·m +90°的力矩拧紧上部的两个螺栓。

（14）将发动机降下至安装位置。

（15）安装下部螺栓，并以 45 N·m + 90°的力矩拧紧螺栓。

（16）将发动机侧总成支承在车身和发动机支架上拧紧。

（17）取下支撑工具 10 222 A。

其他安装步骤大体按照和拆卸相反的顺序进行。

实训项目 3-3

检测液压挺柱和更换气门油封

一、实训教学目标

(1) 掌握液压挺柱的作用和工作原理；
(2) 能够根据异响现象，按照技术要求检查和更换液压挺柱；
(3) 掌握凸轮的拆装方法和轴向间隙的测量方法；
(4) 掌握气门油封的作用和工作原理；
(5) 能够根据故障现象，按照技术要求检查和更换气门油封。

二、实训时间

实训时间为 90 min。

三、实训器材

实训器材如表 3-3-1 所示。

表 3-3-1 实训器材

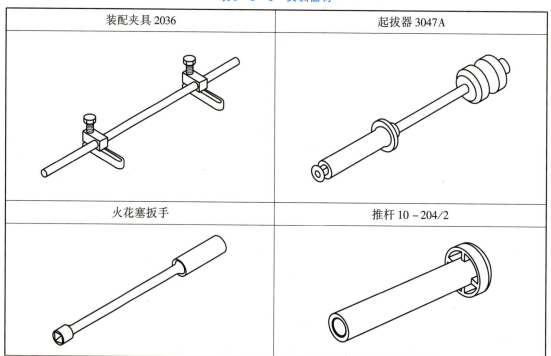

装配夹具 2036	起拔器 3047A
火花塞扳手	推杆 10-204/2

续表

起拔器 T10112	扭力扳手
把持工具 3415	装配杆 VW541/1A
压块 VW541/5	压力软管 VW653/3
塞尺	百分表支架

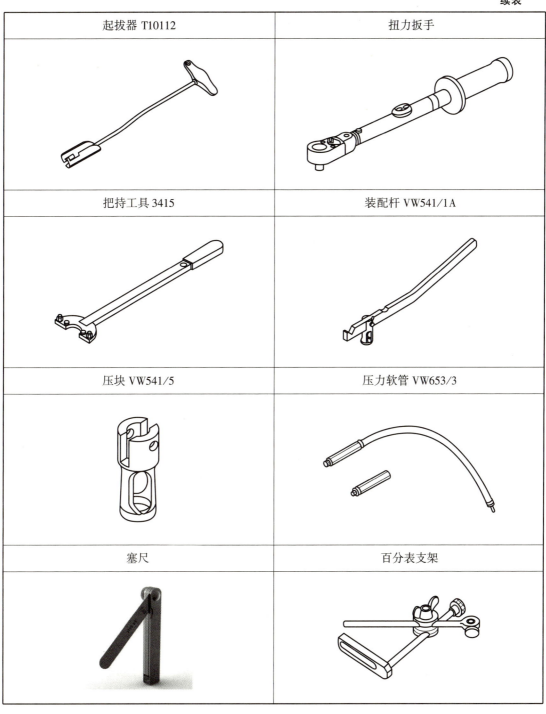

四、操作步骤

1. 检测液压挺柱

提示：液压挺柱只能整个更换，不能调整或修理。起动时有不规则的气门噪声是正常的。

检测过程如下：

（1）起动发动机并让其运转，直至散热风扇接通旋转。

（2）将转速提高到约 2 500 r/min 并持续运转 2 min。

（3）如果液压挺柱噪声仍较大，可按如下方式确定是哪个或哪些液压挺柱损坏：

①拆下进气管，用一块干净的抹布封闭进气管的进气通道。

②拆下气缸盖罩。

③顺时针方向转动曲轴，直到要检测的液压挺柱的凸轮停在上部。

④测量凸轮与液压挺柱之间的间隙：如果间隙大于 0.2 mm，则更换液压挺柱；如果测量间隙小于 0.1 mm 或者无间隙，则按以下方式继续进行检测：

如图 3 - 3 - 1 所示，用一个木制或塑料楔将液压挺柱略微向下按压。如果此时可将一个 0.2 mm 厚的塞尺推入凸轮轴和液压挺柱之间，则必须更换液压挺柱。

提示：安装新的液压挺柱后约 30 min 内不允许起动发动机。液压补偿元件必须到位，否则气门会卡在活塞上。

2. 拆卸凸轮轴

（1）拆下发动机罩盖，拆下进气管，并用一块干净的抹布封闭进气管中的进气通道。

（2）拆卸齿形皮带上部护罩。

（3）转动曲轴，使凸轮轴正时齿轮位于 1 缸上止点的标记上，如图 3 - 3 - 2 所示。注意：凸轮轴正时齿轮的标记必须与气缸盖罩上的箭头对齐。

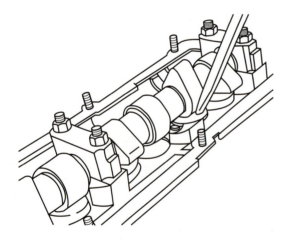 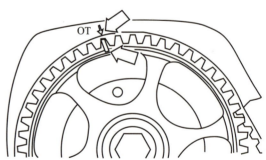

图 3 - 3 - 1　测量凸轮与液压挺柱之间的间隙　　　图 3 - 3 - 2　凸轮轴位于 1 缸上止点的标记上

（4）松开张紧轮并将齿形皮带从凸轮轴正时齿轮上取下。

（5）将曲轴略微向反方向旋转。

（6）如图 3 - 3 - 3 所示，使用把持工具 3415 固定凸轮轴正时齿轮，松开螺栓，取下凸轮轴正时齿轮并将半圆键从凸轮轴中取下。

（7）拆下气缸盖罩，拆卸轴承盖，首先拆下轴承盖 5、1 和 3，然后沿对角交叉松开轴承盖 2 和 4 的螺母并拆下。

3. 更换气门油封

1）拆卸气门油封

（1）取出液压挺柱并将液压挺柱摩擦面向下旋转，同时注意液压挺柱不要混淆。

（2）用起拔器 T10112 拔下火花塞导线。

（3）用火花塞扳手拧出火花塞。

（4）将相应气缸的活塞置于下止点。

（5）安装装配夹具 2036 并调整支座的无头螺栓高度，如图 3-3-4 所示。

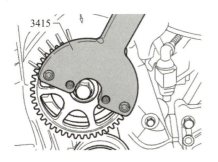 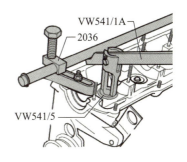

图 3-3-3　用工具 3415 固定凸轮轴正时齿轮　　　图 3-3-4　安装装配夹具 2036

（6）将压力软管 VW653/3 拧入火花塞螺纹中。

（7）将压力软管连接到至少 6 bar① 的压缩空气上。

（8）用装配杆 VW541/1A 和压块 VW541/5 拆下气门锁块。

提示：用锤子轻敲装配杆松开固定的气门锁块。

（9）用起拔工具 3047A 拔下气门油封，如图 3-3-5 所示。

2）安装气门油封

（1）将随附的塑料套筒 A 插到相应的气门杆上，这样可以避免损坏新的气门杆密封圈 B。

（2）将新的气门油封装入推杆 10-204/2 中。

（3）在气门杆密封圈的密封唇涂上机油并小心地安装到气门导管上。

（4）用锤子敲击推杆 10-204/2，将油封可靠地固定在气门导管上，如图 3-3-6 所示。

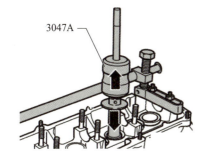 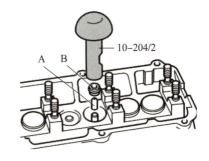

图 3-3-5　用起拔工具 3047A 拔下气门油封　　　图 3-3-6　安装气门油封

---

① 1 bar = 100 kPa。

(5) 拿下塑料套筒 A，使用同样的方法安装其他气门油封。
(6) 其他零部件安装操作以与拆卸时相反的顺序进行。

4. 检查凸轮轴轴向间隙

拆下液压挺杆并在安装第一个和最后一个轴承盖时进行测量，如图 3-3-7 所示。
磨损极限为 0.15 mm。

5. 安装凸轮轴

前提条件：不允许活塞位于上止点。
提示：在安装凸轮轴时 1 缸的凸轮必须朝上。
安装轴承盖时注意孔的中心偏移，安装前放上轴承盖并确定安装位置，如图 3-3-8 所示。

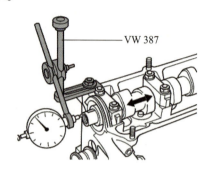
图 3-3-7 测量凸轮轴轴向间隙

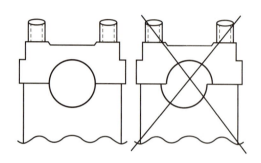
图 3-3-8 安装轴承盖前确定安装位置

工作步骤如下：
(1) 在凸轮轴的摩擦面上涂抹干净的润滑油。
(2) 装入凸轮轴。
(3) 将轴承盖 2 和 4 以 20 N·m 的力矩沿对角交叉拧紧。
(4) 在轴承盖 1 的接触面上涂适量的密封胶。
(5) 安装轴承盖 3、1 和 5，然后用 20 N·m 的力矩拧紧。
(6) 将半圆键装入凸轮轴内。
(7) 安装凸轮轴正时齿轮，用把持工具 3415 固定凸轮轴正时齿轮，用 100 N·m 的力矩拧紧中心螺栓。
提示：在转动凸轮轴时不允许将曲轴停在上止点处，以免气门与活塞顶部相碰。
(8) 安装气缸盖罩及附件。
(9) 安装正时皮带并调整配气正时。

实训项目 4
冷却系统的检测与保养

一、实训教学目标
（1）熟悉发动机冷却系统的结构组成和工作原理；
（2）掌握发动机冷却系统冷却液的检查与更换；
（3）掌握发动机冷却系统零部件的性能及检测方法；
（4）能够分析和排除发动机冷却系统的常见故障。

二、实训时间
实训时间为 45 min。

三、实训器材
实训器材如表 4-1 所示。

表 4-1 实训器材

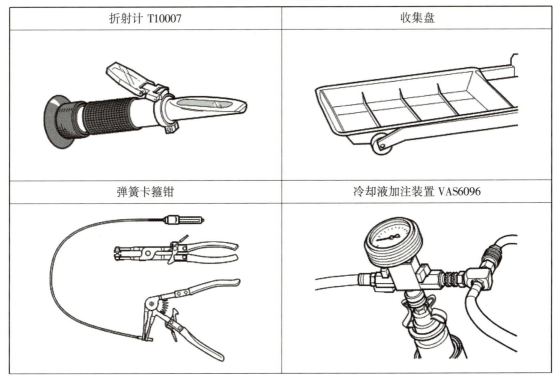

折射计 T10007	收集盘
弹簧卡箍钳	冷却液加注装置 VAS6096

续表

冷却系统压力测试仪 1274	冷却系统检测适配接头 VAG1274/8
冷却系统检测适配接头 VAG1274/9	扭力扳手

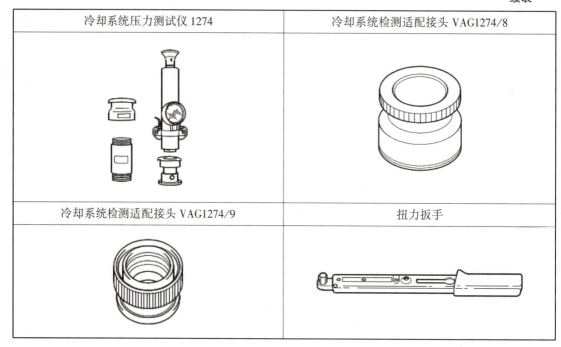

四、操作步骤

1. 检查冷却液液位

发动机在热机状态时,千万不要打开散热器盖,否则可能会被溅出的冷却液或高温蒸汽烫伤。等发动机冷却后,如图 4-1 所示,冷却液的液面应处于满位和低位之间,否则应加注冷冻液,加注后的液面高度不能超过满位。如发现短时间内冷却液减少得很快,应检查冷却系统是否有泄漏。

图 4-1 检查与添加冷却液

2. 检查冷却液泄漏

不同的车厂对冷却液的更换周期有所差异,但绝大部分厂商建议车主每 2 年或行驶 4 万 km 更换一次冷却液。在汽车使用或保养过程中,当发现冷却液明显少于液面下限时,需要对冷却液进行泄漏检查。

检查方法如下：

（1）检查冷却系统各管接口是否有冷却液泄漏的迹象。由于冷却液往往加有燃料着色，外部渗漏部位较为明显，应着重检查各管接口、节温器处、储液罐、水泵结合处、散热器及散热器盖等部位是否有渗漏迹象。

（2）检查冷却系统是否有冷却液泄漏，除了通过用眼观察，还可以用压力法进行更有效的测试。

①将冷却液加注到散热器中，并连接冷却液压力检测仪。

②起动发动机进行暖机。

③将冷却液腹胀罐盖用抹布盖上并小心松开。

④如图4-2所示，用冷却系统压力测试仪（120 kPa）检查并确认压力不下降。如果压力下降，就检查水管、散热器和水泵是否有泄漏迹象。

如果外部无液体泄漏的现象，就检查加热器芯、气缸体和气缸盖。一般地，若是内部渗漏，会伴随发动机加速无力、排气管冒白烟、散热器有气泡、机油液面升高、机油呈乳白色等现象。

3. 检查储液罐盖安全阀

选择适当的适配接头安装在储液罐盖上，再将冷却系统压力测试仪连接上。如图4-3所示，按动手泵，当压力达到1.4~1.6 bar时，储液罐盖安全阀必须打开，否则应更换储液罐盖。

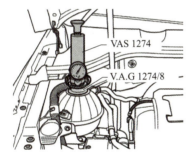

图4-2 检查冷却液泄漏

图4-3 检查储液罐盖中的安全阀

4. 测量冷却液浓度（冷却液冰点）

冷却液冰点测试仪是测量冷却液冰点的精密光学仪器。其基本原理是应用全反射临界角法测量溶液的折射率，进而标定出所测液体的浓度及其性能。其结构组成如图4-4所示。

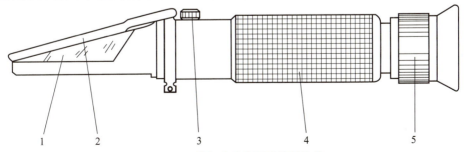

图4-4 冷却液冰点测试仪的结构

1—棱镜；2—盖板；3—校正钉；4—把套；5—目镜

测量方法如下：

（1）掀开盖板，用柔软的绒布将盖板及棱镜表面擦拭干净。

（2）将待测防冻液用吸管滴于棱镜表面，合上盖板轻轻按压，将冷却液冰点测试仪对向明亮处，旋转目镜，使内刻线清晰，读出明暗分界线在分划板上相应标尺上的数值。

（3）测试完毕，用柔软的绒布将盖板及棱镜表面擦拭干净，收于包装盒内。

5. 冷却液的排放与加注

1）冷却液的排放

注意：因为在打开储液罐时会有热蒸汽泄漏，所以应在端盖上方放一块抹布，然后小心打开。

排放掉的冷却液按环保规定进行处理。

（1）打开冷却液储液罐的密封盖。

（2）松开夹箍，拔出散热器下部的冷却液软管（如图4-5所示，箭头所指为冷却液软管）。

（3）为了排净发动机中的冷却液，还需要拔出机油冷却器上的冷却液软管（如图4-6所示，箭头所指为冷却液软管）。

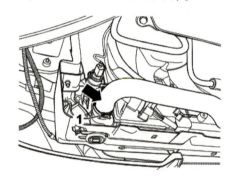

图4-5　拔出散热器下部的冷却液软管　　图4-6　拔出机油冷却器上的冷却液软管

2）冷却液的加注

（1）加注冷却液的注意事项。

①冷却液具有防止霜冻、腐蚀和结垢，以及提高沸点的作用，因此发动机冷却系统务必全年加注规定型号的冷却液。

②即使在温暖的地区也不允许添加水来降低冷却液的浓度，冷却液添加剂所占的比例必须至少占40%，但最高不能超过60%，否则防冻能力反而会减弱，此外还会降低冷却效果。

③如果更新了散热器、热交换器、气缸盖或气缸盖密封件，就不能重新使用已经用过的冷却液。

（2）加注冷却液的步骤。

①安装散热器下部的冷却液软管及机油冷却器上的冷却液软管。

②缓慢添加冷却液至储液罐上阴影区的上部标记。

③密封集注罐。

④关闭空调。

⑤起动发动机,使发动机转速约为 2 000 r/min,并保持约 3 min。

⑥使发动机运转至风扇转动。

⑦关闭点火开关及所有用电器,拔出点火钥匙。

⑧检查冷却液液位并在必要时补充缺少的冷却液:在暖的发动机上,冷却液液位必须在阴影区的上部分标记处;在冷的发动机上,冷却液液位应大约在阴影区的中部。

6. 节温器的检查(以丰田 1AZ–FE 发动机为例)

(1) 节温器上有阀门开启温度标志,如图 4-7 所示。

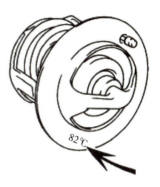

图 4-7 节温器阀门开启温度标志

(2) 将节温器浸没在水中,逐渐将水加热。

(3) 检查节温器的阀门是否在 80 ℃~84 ℃ 开启。如果开启温度不符合规定,就应更换节温器,如图 4-8 所示。

(4) 检查节温器的阀门升程:如图 4-9 所示,用游标卡尺测量节温器的阀门升程,标准阀门升程为 95 ℃ 时 10 mm 或以上,如果阀门升程不符合规定,应更换节温器。

图 4-8 检查节温器的阀门开启温度

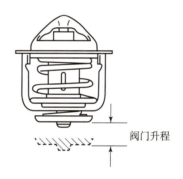

图 4-9 节温器的阀门升程

(5) 检查节温器在低温时(低于 77 ℃)阀门是否完全关闭,如果没有完全关闭,就应更换节温器。

实训项目 5

润滑系统的检测与保养

一、实训教学目标

（1）熟悉发动机润滑系统的结构组成和工作原理；
（2）掌握发动机润滑油的检查与更换；
（3）掌握发动机润滑系统零部件的性能及检测方法；
（4）能够分析和排除发动机润滑系统的常见故障。

二、实训时间

实训时间为 45 min。

三、实训器材

实训器材如表 5-1 所示。

表 5-1　实训器材

机油收集器	机油压力表
二极管试灯	扭力扳手

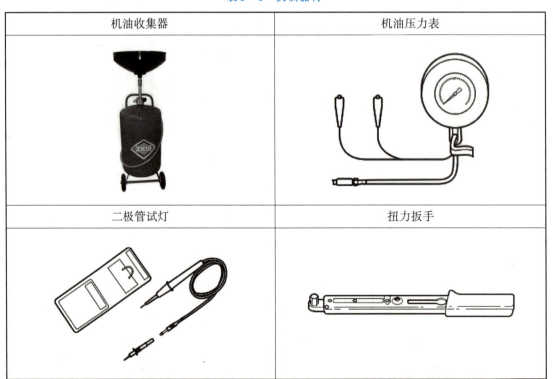

续表

力矩扳手	塞尺
橡胶锤	活塞环拆装钳

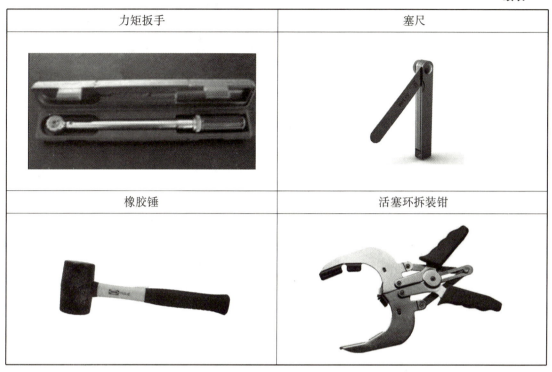

四、操作步骤

（1）拆卸气缸盖（见实训项目 2-2 相关内容）。
（2）拆卸油底及机油泵（见实训项目 2-2 相关内容）。
（3）拆卸活塞连杆组（见实训项目 2-2 相关内容）。
（4）活塞连杆组的分解

①用活塞环拆装钳拆下各道活塞环，如图 2-3-1 所示，观察活塞环装配记号。
②用"一"字螺丝刀撬出活塞销的两个卡簧，如图 2-3-2 所示。

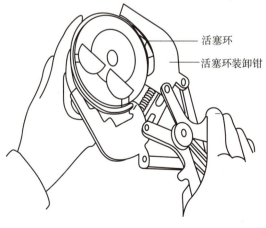 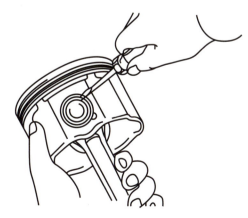

图 2-3-1　拆卸活塞环　　　　　　　图 2-3-2　拆卸活塞销卡簧

实训项目 2—3　活塞连杆组的拆装与维修

③将各活塞在水中逐渐加热到80℃~90℃，如图2-3-3所示，拿出活塞在热状态下用塑料锤和铜棒轻轻敲出活塞销。注意：活塞销与活塞配套，不要与其他缸的活塞连杆组弄混。使用同样的方法拆解其他3个缸的活塞连杆组，并分别摆好。

（5）检测活塞，计算缸壁间隙。

①检测活塞。如图2-3-4所示，用外径千分尺（75~100 mm）测量活塞下边缘约10 mm处，并与活塞销的轴线错开90°。表2-3-2所示为大众BWH发动机活塞和气缸公称尺寸，要求与公称尺寸的最大偏差为0.04 mm。

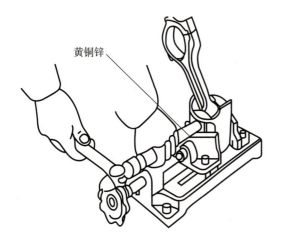

图2-3-3　拆卸活塞销　　　　　　　　图2-3-4　测量活塞直径

表2-3-2　活塞和气缸尺寸

尺寸	活塞直径/mm	气缸直径/mm
基本尺寸	80.980	80.01
第一次加大尺寸	81.235	81.26
第二次加大尺寸	81.485	81.51

②计算缸壁间隙：缸壁间隙 = 气缸测量的最大尺寸 - 活塞测量尺寸。

检测气缸磨损量时，在6个位置测量值中选择最大的缸径值减去该缸活塞测量尺寸，即缸壁间隙，标准值为0.03 mm，最大允许值为0.10 mm，如果有某一缸超过最大允许值，就应更换全部活塞，必要时更换缸体。

（6）检查活塞环端隙与侧隙。

①检查活塞环开口间隙（端隙）。如图2-3-5所示，将活塞环沿气缸垂直向下推至离气缸下边缘约15 mm处，翻转缸体测量开口间隙值。表2-3-3所示为大众BWH发动机活塞环开口间隙。

②检查活塞环侧隙。如图2-3-6所示，检查活塞环侧隙前，应清洗活塞环槽。表2-3-4所示为大众BWH发动机活塞环侧隙。

四、操作步骤

1. 检查发动机机油油位和油质

（1）发动机暖机后停止发动机运行并等待 5 min 以上。

（2）拔出机油尺并用干净抹布擦拭干净，再次插入后拔出，检查油位是否在最大与最小标记范围内，如图 5-1 所示。

在检查发动机油量的同时，检查发动机机油颜色是否变化，变黑一般为机油变质，变白一般是机油内有水分，若机油变质，则需检查原因，更换机油。

2. 检测机油压力

1）检测的前提条件

（1）机油油位正常；

（2）点火开关接通后，机油压力报警灯亮起约 3 s 后关闭；

（3）冷却液温度最低为 80 ℃（散热风扇必须运行过一次）。

2）检测步骤

（1）拆下油压开关 F1，并将其旋入检测设备中。

（2）将检测设备取代油压开关旋入机油滤清器支架中，如图 5-2 所示。

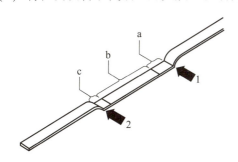 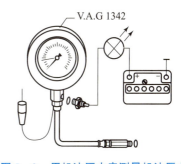

图 5-1　机油尺油位标记　　　　　图 5-2　用机油压力表测量机油压力

1—最大标记；2—最小标记；
a—阴影区域到最大标记之间的范围：不添加发动机机油；
b—阴影区域内：可以添加发动机机油；
c—阴影区域到最小标记之间的范围：最多添加 0.5 L 发动机机油

（3）检测设备的棕色导线接地。

（4）将二极管检测指示灯（VAG1527）用测量辅助导线连接到蓄电池正极和油压开关上，发光二极管不得亮起；如果发光二极管亮起，就应更换油压开关 F1。

（5）如果发光二极管不亮，起动发动机并提高转速，发光二极管必须在 1.2~1.6 bar 压力范围内亮起，否则更换油压开关。

（6）继续提高转速，在转速为 2 000 r/min 且机油温度为 80 ℃ 时，机油表压力应为 2.7~4.5 bar。

（7）转速更高时机油过压不允许超过 7.0 bar。

（8）如果没有达到标准值，排除机械损坏故障，例如轴承损坏；更换机油滤清器支架与安全阀或机油泵。

（9）如果超过额定值，检查机油油道，必要时更换机油滤清器支架与安全阀。

实训项目 6-1
检测喷油器

一、实训教学目标

(1) 了解喷油器检测的重要性;
(2) 熟悉喷油器的安装位置;
(3) 掌握喷油器检测的操作技能。

二、实训时间

实训时间为 45 min。

三、实训器材

实训器材如表 6-1-1 所示。

表 6-1-1 实训器材

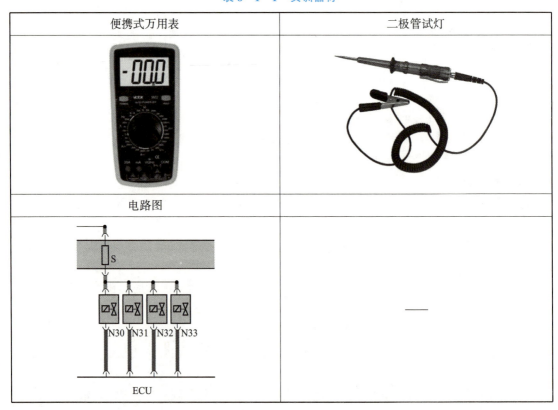

便携式万用表	二极管试灯
电路图	
	—

四、操作步骤

1. 操作前的准备

检查校对万用表和二极管试灯。

检查蓄电池电压（不应低于11.5 V）。

在关闭点火开关的情况下拔下喷油器插头。

2. 检测喷油器电阻

将万用表调到20 Ω的电阻挡，将万用表两表笔分别接触喷油器二管脚，如图6-1-1所示。

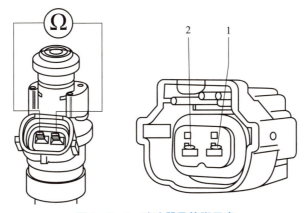

图6-1-1 喷油器及管脚示意

读出检测电阻值（应为12~15 Ω），如果未在规定值范围内，应更换喷油器。

3. 检测喷油器供电

将万用表调到20 V的电压挡，将万用表红表笔接触线束端插头1管脚，黑表笔搭铁，起动发动机或打开点火开关（3 s），电压值应不小于11.5 V。如果未在规定值范围内，就检查电源线和继电器。

4. 检查喷油器喷油信号

把二极管试灯鳄鱼夹可靠接电源；用二极管试灯电笔接触触发信号线，短时起动发动机，二极管试灯应闪亮，如不闪亮，就应检查触发信号线到电脑之间的线路，如信号线没问题则为发动机计算机出现故障。

实训项目 6-2
检测凸轮轴位置传感器（霍尔式）

一、实训教学目标

（1）了解霍尔式凸轮轴位置传感器检测的重要性；
（2）熟悉霍尔式凸轮轴位置传感器的安装位置；
（3）掌握霍尔式凸轮轴位置传感器的检测操作技能。

二、实训时间

实训时间为 45 min。

三、实训器材

实训器材如表 6-2-1 所示。

表 6-2-1 实训器材

便携式万用表	二极管试灯
电路图	
	—

四、操作步骤

1. 操作前的准备

（1）检查校对万用表和二极管试灯。

（2）检查蓄电池电压（不应低于 11.5 V）。

（3）在关闭点火开关的情况下拔下凸轮轴位置传感器插头。

2. 检查凸轮轴位置传感器的供电

将万用表调到 20 V 的电压挡，将万用表红表笔接触图 6-2-1 所示线束端插头 1 号管脚，黑表笔搭铁，电压值应为 5 V。如果电压未在规定值范围内，就检查 1 号管脚到 ECU 端的线路是否导通。

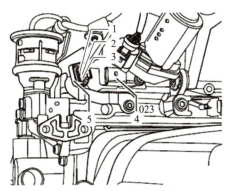

图 6-2-1 凸轮轴位置传感器插头示意

3. 检查凸轮轴位置传感器的接地

打开点火开关，1 号与 3 号管脚之间的电压应为 5 V；或检测 3 号管脚到 ECU 端的线路是否导通。

4. 检查信号线

用万用表 20 Ω 的电阻挡，检查传感器线束端插头 2 号管脚到 ECU 端的线路是否导通，电阻值应小于 1.5 Ω。

实训项目 6-3

检测曲轴位置（发动机转速）传感器

一、实训教学目标

（1）了解曲轴位置传感器检测的重要性；
（2）熟悉曲轴位置传感器的安装位置；
（3）掌握曲轴位置传感器检测的操作技能。

二、实训时间

实训时间为 45 min。

三、实训器材

实训器材如表 6-3-1 所示。

表 6-3-1 实训器材

便携式万用表	二极管试灯
电路图	
	—

四、操作步骤

1. 操作前的准备

（1）检查校对万用表和二极管试灯。

（2）检查蓄电池电压（不应低于 11.5 V）。

（3）在关闭点火开关的情况下拔下曲轴位置传感器插头。

2. 检测曲轴位置传感器的电阻

将万用表调到 2 kΩ 的电阻挡，将万用表两表笔分别接触传感器线束端插头 2 号和 3 号管脚，读出检测电阻值（应为 480 ~ 1 000 Ω）。如果电阻未在规定值范围内，则更换曲轴位置传感器。

3. 检查传感器导线与屏蔽线

如图 6 - 3 - 1 所示，将万用表调到大电阻挡（如 20 kΩ）用两表笔接到 2 号管脚（地）和 1 号管脚间，其电阻值应为∞（开路）。将万用表两表笔接到 3 号管脚信号和 1 号管脚（屏蔽）间，其电阻值应为∞（开路）。

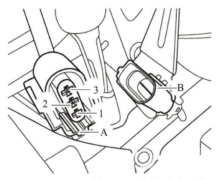

图 6 - 3 - 1　曲轴位置传感器插头示意

4. 检查传感器信号线

用万用表 20 Ω 的电阻挡检查曲轴位置传感器线束端插头 2 号管脚到 ECU 的线路是否导通（ECU 端可接在面板相应的插孔上）。使用同样的方法检查 3 号管脚到 ECU 的线路是否导通。

实训项目 6-4

检测空气流量计

一、实训教学目标

(1) 了解空气流量计检测的重要性；
(2) 熟悉空气流量计的安装位置；
(3) 掌握空气流量计检测的操作技能。

二、实训时间

实训时间为 45 min。

三、实训器材

实训器材如表 6-4-1 所示。

表 6-4-1 实训器材

便携式万用表	二极管试灯
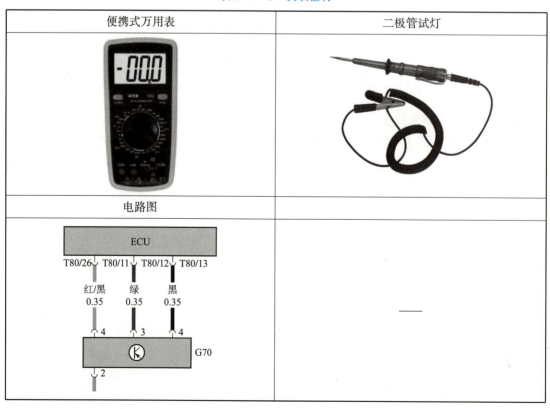	
电路图	—

四、操作步骤

1. 操作前的准备

（1）检查校对万用表和二极管试灯。

（2）检查蓄电池电压（不应低于 11.5 V）。

（3）在关闭点火开关的情况下拔下空气流量计插头。

2. 检测空气流量计的供电

如图 6-4-1 所示，将万用表调到 20 V 的电压挡，将万用表红表笔接触线束端插头 2 号管脚，黑表笔搭铁，起动发动机或打开点火开关（3 s），电压值应不小于 11.5 V。如果电压未在规定值范围内，则检查供电导线和燃油泵继电器。

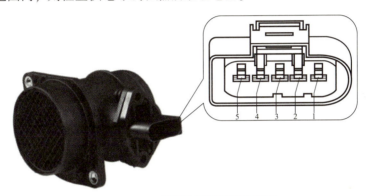

图 6-4-1　空气流量计及插头示意

3. 检测 5 V 电源

将万用表调到 20 V 的电压挡；将万用表两表笔分别接触传感器线束端插头 4 号管脚和搭铁点，打开点火开关，应为计算机提供 5 V 电压；如果没电压，就检测 4 号管脚到 ECU 端的线路是否导通。

4. 检测 3 号管脚的接地

打开点火开关，2 号与 3 号管脚之间的电压应为蓄电池电压；或检测 3 号管脚到 ECU 端的线路是否导通。

5. 检测空气流量计信号线

用万用表 20 Ω 的电阻挡，检测 5 号管脚与 ECU 之间的电阻，阻值应小于 1.5 Ω，否则更换或维修线束。

实训项目 6-5

检测冷却液温度传感器

一、实训教学目标

（1）了解冷却液温度传感器检测的重要性；
（2）熟悉冷却液温度传感器的安装位置；
（3）掌握冷却液温度传感器检测的操作技能。

二、实训时间

实训时间为 45 min。

三、实训器材

实训器材如表 6-5-1 所示。

表 6-5-1　实训器材

便携式万用表	二极管试灯
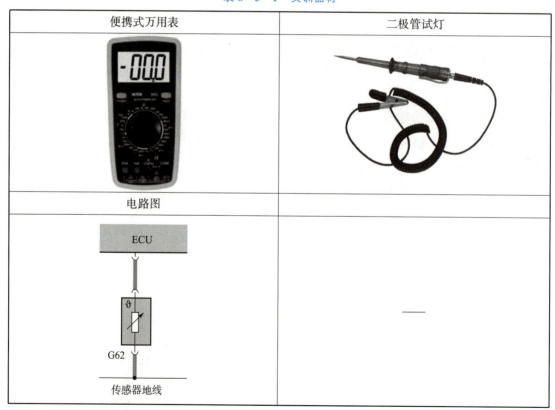	
电路图	—

四、操作步骤

1. 操作前的准备

(1) 检查校对万用表和二极管试灯。

(2) 检查蓄电池电压(不应低于 11.5 V)。

(3) 在关闭点火开关的情况下拔下冷却液温度传感器插头。

2. 检测冷却液温度传感器的电阻

如图 6-5-1 所示,将万用表调到 200 kΩ 的电阻挡,将万用表两表笔分别接触传感器 1 号和 2 号管脚,电阻值应在几千欧姆到几百千欧姆之间。如果电阻未在规定值范围内,应更换传感器。

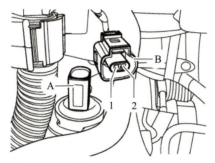

图 6-5-1 冷却液温度传感器插头示意

3. 检测冷却液温度传感器的供电

将万用表调到 20 V 的电压挡,将万用表红表笔接触线束端插头 2 号管脚,黑表笔搭铁电压值应为 5 V。如果电压未在规定值范围内,应检查 3 号管脚到 ECU 端的线路是否导通。

4. 检测冷却液温度传感器的接地

将万用表调到 20 Ω 的电阻挡,两个表笔分别接触线束端 1 号插脚到 ECU 端的线路是否导通。也可用万用表电压挡检测管脚对电源的电压值。

实训项目 6-6
检测氧传感器

一、实训教学目标
（1）了解氧传感器检测的重要性；
（2）熟悉氧传感器的安装位置；
（3）掌握氧传感器检测的操作技能。

二、实训时间
实训时间为 45 min。

三、实训器材
实训器材如表 6-6-1 所示。

表 6-6-1 实训器材

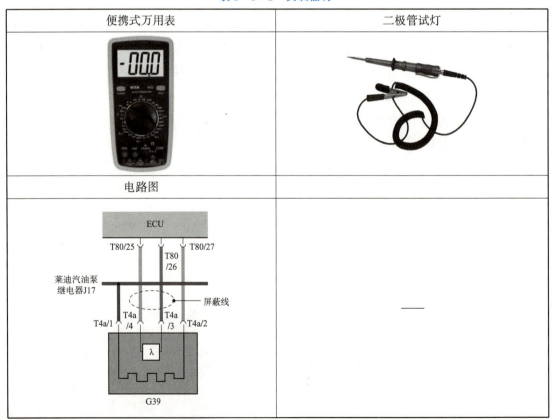

便携式万用表	二极管试灯
电路图	—

四、操作步骤

1. 操作前的准备

（1）检查校对万用表和二极管试灯。

（2）检查蓄电池电压（不应低于 11.5 V）。

（3）在关闭点火开关的情况下拔下氧传感器插头，如图 6-6-1 所示。

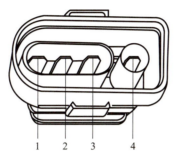

图 6-6-1　氧传感器插头示意

2. 检测氧传感器的加热电阻

将万用表调到 200 Ω 的电阻挡，将万用表两表笔分别接触传感器线束端插头 1 号和 2 号管脚并读出检测电阻值（约为几欧姆到几十欧姆）；如果电阻为∞，应更换氧传感器。

3. 检测氧传感器的供电

将万用表调到 20 V 的电压挡，将万用表红表笔接触线束端插头 1 号管脚，黑表笔搭铁，起动发动机或打开点火开关（3 s），电压值应不低于 11.5 V。如果电压未在规定值范围内，应检查供电导线和燃油泵继电器。

4. 检测氧传感器的导线

用万用表检查线束端插头 2 号管脚到 ECU 间的线路是否导通。

用万用表检查线束端插头 3 号管脚到 ECU 间的线路是否导通。

用万用表检查线束端插头 4 号管脚到 ECU 间的线路是否导通。

实训项目 7-1
检测双缸点火系统的点火模块

一、实训教学目标

(1) 了解点火模块检测的重要性；
(2) 熟悉点火模块的安装位置；
(3) 掌握点火模块检测的操作技能。

二、实训时间

实训时间为 45 min。

三、实训器材

实训器材如表 7-1-1 所示。

表 7-1-1 实训器材

便携式万用表 V.A.G 1526B	测量辅助工具套件 V.A.G 1594C
V.A.G 1526 B	V.A.G 1594 C
适配接头 V.A.G 1598/22	电压检测仪 V.A.G 1527B
V.A.G 1598/22	V.A.G 1527 B

续表

汽车诊断系统、测量和信息系统 VAS 5051B 或汽车诊断和保养信息系统 VAS 5052	—
VAS 5051 B	—

四、操作步骤

1. 检测条件

（1）蓄电池电压至少为 11.5 V。

（2）凸轮轴位置传感器正常。

（3）曲轴位置传感器正常。

（4）SC24 号熔断器正常。

2. 检测过程

（1）检测供电。如图 7-1-1 所示，拔下点火线圈 2 上的 4 芯插头（1）。

①用便携式万用表（V. A. G 1526B）和测量辅助工具套件（V. A. G 1594C）测量拔下的插头的触点 2、4 之间的电压，如图 7-1-2 所示。

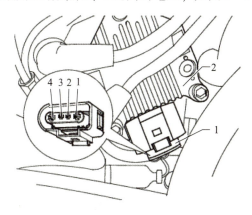

图 7-1-1　点火模块插头示意

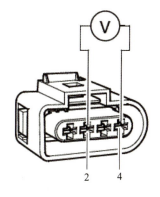

图 7-1-2　测量触点 2 和 4 之间的电压

②打开电火开关。

规定值：最小 11.5 V。

如无电压，则关闭点火开关。按图 7-1-3 所示电路检测 4 芯插头触点（2）与 SC24 熔断器之间导线是否短路。

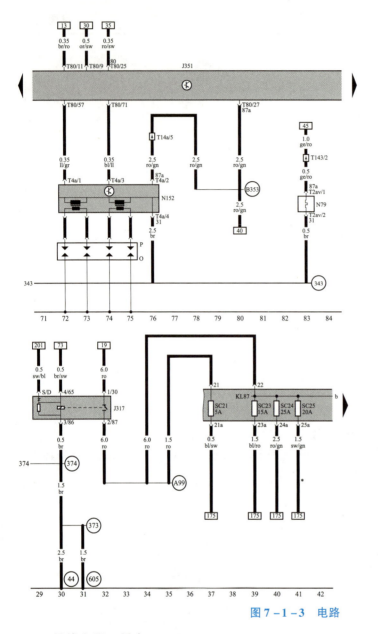

图 7-1-3 电路

导线电阻：最大 1.5 Ω。

按电路图检测 4 芯插头触点（4）与接地点之间导线是否断路。

（2）检测触发状态。

①拆下 SC45 号熔断器。

提示：拆下 SC45 号熔断器即断开了喷油阀供电。

②用测量辅助工具套件（V.A.G 1594C）将电压检测仪（V.A.G 1527B）连接到拔下的插头的触点上：触点 1+4（点火输出 1），触点 3+4（点火输出 2）。

③操作起动机，检测发动机控制单元点火信号。

如果发光二极管闪亮，并且触点 2、4 之间有电压，应更换点火变压器（N152）。

如果发光二极管不闪亮，应检查导线情况。

(3) 检测导线。

①关闭点火开关。

②如图 7-1-4 所示,将适配接头(V. A. G 1598/220)连接到控制单元线束上,不连接发动机控制单元。

③按电路图检查测试盒与 4 芯插头之间导线是否断路。

  a. 触点 1 + 插口 57;

  b. 触点 3 + 插口 71;

  c. 导线电阻:最大 1.5 Ω。

④检查导线间是否互相短路,或对正极或接地短路。

  a. 触点 1 + 插口 71;

  b. 触点 3 + 插口 57;

  c. 规定值:∞。

如果导线无故障,并且触点 2、4 之间有电压,就应更换发动机控制单元。

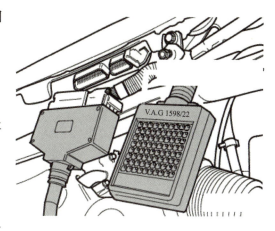

图 7-1-4　连接适配接头

(4) 检测次级线圈电阻值。

检测下列气缸之间端子 4 的次级线圈电阻值,如图 7-1-5 所示:

①1 缸 +4 缸;

②2 缸 +3 缸;

③规定值:4~6 kΩ(20 ℃时)。

如果未达到规定值,就应更换点火变压器(N152)。

图 7-1-5　线圈端子示意

实训项目 7-2
检测爆震传感器

一、实训教学目标

(1) 了解爆震传感器检测的重要性；
(2) 熟悉爆震传感器的安装位置；
(3) 掌握爆震传感器检测的操作技能。

二、实训时间

实训时间为 45 min。

三、实训器材

实训器材如表 7-2-1 所示。

表 7-2-1 实训器材

便携式万用表 V. A. G 1526B	测量辅助工具套件 V. A. G 1594C
适配接头 V. A. G 1598/22	汽车诊断系统、测量和信息系统 VAS 5051B 或汽车诊断和保养信息系统 VAS 5052

四、操作步骤

1. 检测条件

自诊断必须识别到传感器有故障。

2. 检测过程

(1) 连接汽车诊断系统、测量和信息系统(VAS 5051B)或汽车诊断和保养信息系统(VAS 5052)。

(2) 检测电阻和导线。

①拔下爆震传感器1→G61→3 的2芯插头(4),如图7-2-1所示。

②用测量辅助工具套件(V. A. G 1594C)中的转接线连接便携式万用表(V. A. G 1526B),测量爆震传感器1→G61→3 的触点1、2间的电阻值。

规定值:∞。

如果未达到规定值,应更换爆震传感器。

如果达到规定值,将适配接头(V. A. G 1598/22)连接到控制单元线束上,不连接发动机控制单元。

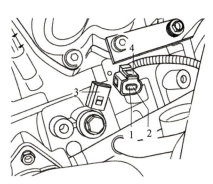

图7-2-1 爆震传感器插头示意

③按电路图检查测试盒与2芯插头(4)之间的导线是否断路。

a. 触点1 + 插口77;

b. 触点2 + 插口63;

c. 导线电阻:最大1.5 Ω。

④还要检查插口27 对插口77 和63 是否短路。

规定值:∞。

如导线无故障:

a. 松开爆震传感器,然后再拧紧至20 N·m。

b. 进行路试。路试时,发动机须达到:冷却液温度至少为80 ℃;达到工作温度后,发动机须在怠速、部分负荷、全负荷、超速和全负荷工况下分别运行几次。

⑤再次查询故障存储器,如仍有故障,则需更换爆震传感器。

相同。

经过修理后的气缸盖,其高度不得低于规定值,如图2-45所示,捷达ATK发动机气缸盖的最小高度 a 应不小于132.60 mm。同时还应检查燃烧室容积,燃烧室容积一般不得小于标定容积的95%,同一气缸盖的各缸燃烧室容积差不大于平均容积的1%~2%,否则应更换气缸盖。

图2-44 气缸盖变形的检验方法

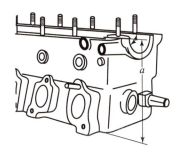

图2-45 捷达ATK发动机气缸盖最小高度要求

2) 气缸盖裂纹的检测与维修

气缸盖裂纹常出现在气门座及火花塞螺孔之间。若气缸盖出现裂纹,则应更换。

3. 气缸垫的故障及更换安装

1) 气缸垫的故障

气缸垫在使用过程中,由于其质量不好、气缸盖和气缸体平面不平、气缸盖螺栓拧紧力不够、气缸盖螺栓拧紧方式不正确、发动机过热等原因常发生烧蚀及击穿故障。

气缸垫烧蚀击穿的部位一般在水孔或燃烧室孔周围,此类故障会导致发动机漏气、漏水或冷却液与润滑油相互渗透、混合。

2) 气缸垫的安装

气缸垫损坏后只能进行更换,无法修理。

更换新的气缸垫时,注意安装方向,应将定位销孔与定位销配合,切忌装反。

任务3 活塞连杆组的检测与维修

1. 活塞的检测与选配

活塞的损伤主要是磨损损伤,包括活塞环槽的磨损、活塞裙部的磨损、活塞销座孔的磨损等。活塞刮伤、顶部烧蚀和脱顶则属于非正常的损伤形式。

1) 活塞裂损的检测

活塞裂损可通过目测检查。若发现活塞有裂纹、破碎、凹陷、刮伤、疤痕、毛刺及尖角等,则不能再继续使用。

2) 活塞裂损程度的测量方法

活塞裂损程度的测量方法如图2-46所示,用外径千分尺从活塞裙部底边向上10~15 mm、与活塞销垂直方向处进行测量,对比维修手册,与活塞直径的标准值进行对比,即可得到活塞的裂损程度,其不能超过磨损极限。如捷达BJG发动机允许偏差不超过

0.04 mm。

3）配缸间隙的检测

活塞与气缸壁之间的间隙称为配缸间隙。此间隙应符合国际标准，如捷达 ATK 发动机的配缸间隙为 0.025 mm。在检测时可用量缸表测量气缸的直径，用外径千分尺测量活塞的直径，两者之差即配缸间隙。

2. 活塞环的检测与选配

为了保证活塞环与活塞环槽及气缸的良好配合，在选配活塞环时，还应对活塞环弹力、端隙、侧隙、背隙、漏光度等进行检测，当其中任何一项不符合要求时，均应重新选配活塞环。

图 2-46　活塞裂损程度的测量方法

1）活塞环弹力的检测

活塞环弹力是指活塞环端隙达到规定值时作用在活塞环上的径向力。活塞环弹力是保证气缸密封的必要条件。活塞环弹力可用活塞环弹力检验仪进行检测，其值应符合国际标准规定。

2）活塞环端隙、侧隙、背隙的检测

（1）活塞环端隙的检测。如图 2-47 所示，将活塞环沿气缸垂直向下推至离气缸下边缘约 15 mm 处，翻转缸体测量端隙值即可。

（2）活塞环侧隙的检测。将活塞环放入环槽内用塞尺测量并滚动一周，应以既不松动又无阻滞现象为宜，如图 2-48 所示。

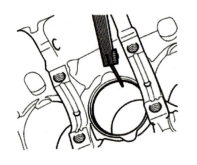

图 2-47　检测活塞环端隙

图 2-48　检测活塞环侧隙

（3）活塞环背隙的检测。活塞环背隙通常以环槽深度与活塞环径向厚度的差值来衡量。在测量时，将活塞环落入环槽底，再用深度游标卡尺测出环外圆柱面沉入环岸的数值。

（4）活塞环漏光度的检测。活塞环漏光度用于检查活塞环的外圆与气缸壁贴合的良好程度。活塞环漏光度的检测方法如图 2-49 所示，将活塞环平整地放入气缸内，用活塞顶部把它推平，在气缸下部放置一发光的灯泡，在活塞环上放一直径略小于气缸内径且能盖住活塞环内圆的盖板，然后从气缸上部观察漏光处及其对应的圆心角。

一般情况下，要求活塞环开口处左右 30°范围内不允许有漏光现象；活塞环局部漏光每处弧长对应的圆心角不大于 25°；每环漏光处不超过两个，同一活塞环上漏光弧长所对应的圆心角总和不大于 45°；最大漏光缝隙不大于 0.03 mm。

3. 活塞销的选配与装配方法

活塞销与座孔在常温下应有微量过盈，一般为 0.002 5～0.007 5 mm。将活塞加热至 80 ℃左右，迅速取出活塞并立即把涂有润滑油的活塞销用手指推入活塞销座孔内，此时以活塞销能在座孔内转动为宜。

4. 连杆组的检测与维修

连杆的损伤主要有杆身的弯曲、扭转变形，以及小头孔和大头侧面的磨损等几种形式。

1）连杆变形的检测

连杆变形的检测在连杆检验仪（如图 2-50 所示）上进行。检测方法如下：

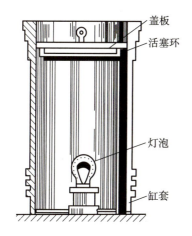

图 2-49　活塞环漏光度的检测方法　　　图 2-50　连杆检验仪

（1）将连杆大头的轴承盖装好（不装轴承），按规定力矩把螺栓拧紧，检查连杆大头孔的圆度和圆柱度是否符合要求；装上已选配好的活塞销。

（2）把连杆大头装在检验仪的支撑轴上，拧紧调整螺钉使定心块向外扩张，把连杆固定在检验仪上。

（3）将 V 形检验块两端的 V 形定位面靠在活塞销上，观察三点规的 3 个接触点与检验平板的接触情况，即可检测出连杆的变形方向和变形量。

2）连杆变形的校正

经检测，如果弯、扭超过规定值，就应按规定的弯、扭的方向和数值进行校正。

连杆扭曲的校正可将连杆夹在虎钳上，用扭曲校正器、长柄扳钳或管子钳进行校正，用扭曲校正器校正连杆扭曲的方法如图 2-51 所示。

连杆弯曲的校正可在压床或弯曲校正器上进行，用弯曲校正器校正连杆弯曲的方法如图 2-52 所示。

校正时注意：先校扭，再校弯；避免反复过校正。校正后要进行时效处理，消除弹性后效作用。

图 2-51 用扭曲校正器校正连杆扭曲的方法

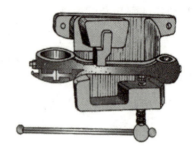
图 2-52 用弯曲校正器校正连杆弯曲的方法

任务 4　曲轴飞轮组的检测与维修

1. 曲轴的检测与维修

曲轴的常见损伤主要有疲劳裂纹、轴颈磨损、弯曲变形和扭曲变形等。

1）疲劳裂纹的检测与维修

（1）疲劳裂纹。曲轴的疲劳裂纹多数是由应力集中引起的，主要出现在应力集中部位，如主轴颈或连杆轴颈与曲柄臂相连的过渡圆角处，表现为横向裂纹；有时在轴颈中的油孔附近会出现沿斜置油孔的锐边轴向延伸的纵向裂纹。

（2）疲劳裂纹的检测。其检测方法主要有磁力探伤法和浸油敲击法。

①磁力探伤法。当磁力线通过被检测的零件时，零件被磁化。如果零件表面有裂纹，在裂纹部位的磁力线会因裂纹不导磁而被中断，使磁力线偏散而形成磁极。此时，在零件表面撒上磁性铁粉，铁粉便被磁化而吸附在裂纹处，从而显现出裂纹的部位和大小。

②浸油敲击法。将曲轴置于煤油中浸一会儿再取出，擦净表面煤油并撒上白粉，然后分段用小锤轻轻敲击，如有明显的油迹出现，即表明该处有裂纹。

曲轴轴颈表面不允许有横向裂纹。曲轴轴颈表面的轴向裂纹，其深度如在曲轴轴颈维修尺寸以内，可通过磨削磨掉，否则应予以报废。

2）轴颈磨损的检测与维修

（1）轴颈磨损。磨损主要发生在曲轴主轴颈和连杆轴颈的部位，且磨损是不均匀的，但有一定规律，如图 2-53 所示。主轴颈和连杆轴颈的径向最大磨损部位相互对应，即各主轴颈的最大磨损靠近连杆轴颈一侧，而连杆轴颈的最大磨损在主轴颈一侧。曲轴轴颈沿轴向还有锥形磨损，如图 2-54 所示，这是由于曲轴在旋转时，离心力使润滑油中的机械杂质偏积在与连杆轴颈油道的油流相背的一侧，导致连杆轴颈轴向磨损不均匀，呈锥形变形。各轴颈不同方向的磨损导致主轴颈同轴度破坏，容易造成曲轴断裂。

（2）轴颈磨损的检测。轴颈磨损主要采用外径千分尺测量轴颈的直径、圆度误差和圆柱度误差来进行检测，目的在于决定是否需要修磨及确定修磨的尺寸。

当曲轴主轴颈与连杆轴颈的圆度和圆柱度误差超出标准要求时，应按修理尺寸进行曲轴的光磨修理。

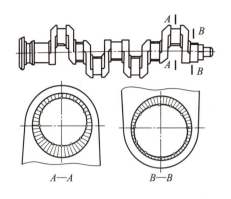

图 2-53 轴颈磨损不均匀，径向呈椭圆形

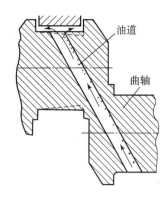

图 2-54 机械杂质偏置使轴向呈锥形

（3）轴颈的修磨。

① 小修：在轴颈表面有较轻的损伤时，可用油石、细锉刀或砂布加以修磨。

② 大修：对轴颈磨损已超过标准要求的曲轴，可用修理尺寸法对曲轴主轴颈、连杆轴颈进行光磨修理，同名轴颈必须为同级修理尺寸，以便选择统一的轴承。其修理尺寸应查阅车型对应的维修手册。

3）曲轴变形的检测与维修

若曲轴主轴颈的同轴度误差大于 0.05 mm，则称为曲轴弯曲。若连杆轴颈分配角误差大于 0°30′，则称为曲轴扭曲。曲轴产生弯曲和扭曲变形，是使用不当和修理不当造成的，其将影响发动机的配气正时和点火正时。

（1）弯曲变形的检测和校正。

① 弯曲变形的检测。在检测弯曲变形时应以两端主轴颈的公共轴线为基准，检查中间主轴颈的径向圆跳动误差，如图 2-55 所示。在检验时，将曲轴两端主轴颈分别放置在检验平板的 V 形铁上，将百分表触头垂直地抵在中间主轴颈上，慢慢转动曲轴一圈，百分表指针所指示的最大读数与最小读数之差，即中间主轴颈的径向圆跳动误差值。

② 弯曲变形的校正。曲轴的径向圆跳动误差不得大于 0.15 mm，否则应进行校正。

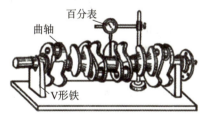

图 2-55 曲轴弯曲变形的检测方法示意

曲轴弯曲变形的校正，一般采用敲击校正法或冷压校正法。当变形量不大时，可采用敲击校正法，即用锤子敲击曲柄边缘的非工作表面，如图 2-56（a）所示，使被敲击表面产生塑性残余变形，达到校正弯曲的目的。冷压校正法是将曲轴用 V 形铁架住两端主轴颈，用油压机沿与曲轴弯曲相反的方向加压，如图 2-56（b）所示。由于钢质曲轴的弹性作用，压弯量应为曲轴弯曲量的 10～15 倍，并保持 2～4 min，为减小弹性后效作用，最好采用人工时效法消除。

当变形量较大时，校正应分步、反复多次进行，直到符合要求为止。

（2）扭曲变形的检测和校正。曲轴扭曲变形的检测方法和弯曲变形的检测方法相同。曲轴扭曲变形量一般很小，可直接在曲轴磨床上结合连杆轴颈磨削予以校正。

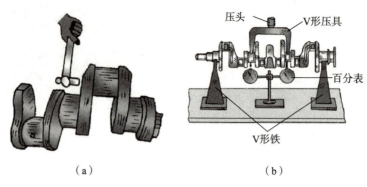

图 2-56 曲轴弯曲变形的校正方法示意
（a）敲击校正法；（b）冷压校正法

4）曲轴轴向间隙和径向间隙的检测与调整

（1）曲轴轴向间隙的检测与调整。为了适应发动机机件正常工作的需要，曲轴必须留有合适的轴向间隙，轴向间隙过小，会使机件因受热膨胀而卡死；轴向间隙过大，曲轴工作时将产生轴向窜动，加速气缸的磨损，活塞连杆组也会不正常磨损，还会影响配气相位和离合器的正常工作。因此，曲轴装到气缸体上之后，应检查其轴向间隙。

轴向间隙应符合规定，轴向间隙过小或过大时，应更换不同厚度的止推垫片进行调整。

（2）曲轴径向间隙的检测与调整。曲轴的径向也必须留有适当间隙，因为轴承的适当润滑和冷却都取决于曲轴径向间隙的大小。曲轴径向间隙过小，会使阻力增大，加重曲轴间的磨损，使轴承划伤；若曲轴径向间隙过大，则曲轴会上下敲击，并使润滑油压力降低，曲轴表面过热并与轴承烧熔到一起。当径向间隙不符合标准时，应重新选配轴承。

2. 飞轮的常见损伤形式及维修

飞轮的常见损伤形式主要有齿圈磨损、打坏、松动、端面打毛，飞轮与离合器摩擦片接触的工作面磨损、起槽、刮痕等。

1）更换齿圈

飞轮齿圈有断齿或齿端冲击耗损，与起动机齿轮啮合状况发生变化时，应更换齿圈或飞轮组件。

2）修整飞轮工作平面

飞轮工作平面有严重烧灼，或磨损沟槽深度超过 0.50 mm，或飞轮端面圆跳动误差超过 0.50 mm 时，应进行光磨修整（飞轮厚度极限减薄量为 1 mm）。

3）曲轴、飞轮、离合器总成组装后进行动平衡试验

组件动不平衡量应不大于原厂规定。在更换飞轮或齿圈、离合器压盘或总成之后，都应重新进行组件的动平衡试验。

项目三
配气机构的检测与维修

一辆行驶 9 万多 km 宝来轿车的车主，最近在开车时听见发动机舱中有"嗒嗒"的响声，随着发动机转速的增加，"嗒嗒"的声音越来越明显。车主将车开到维修厂，希望维修技师能够找到出现异响的原因。现在，主要的工作就是配合维修技师对该车的发动机进行仔细的检测，找到故障原因并排除。

一、学习目标

1. 知识目标
（1）掌握配气机构的作用和组成；
（2）掌握气门组主要零件的结构及功能；
（3）掌握气门传动组主要零件的结构及功能。

2. 能力目标
（1）能够对配气机构进行拆装及部件更换；
（2）能够对气门、液压挺柱等主要部件进行检测；
（3）能够对气门间隙进行调整。

二、知识准备

任务1　配气机构的结构及基本原理

在发动机工作的过程中，配气机构按照发动机每个气缸所进行的工作循环和发火次序的要求，定时开启和关闭气缸的进、排气门，使新鲜可燃混合气（汽油机）或空气（柴油机）及时进入气缸，并及时从气缸中排出废气。

发动机的配气机构可分为气门组和气门传动组两部分，如图 3-1 所示。

1. 气门组

气门组在配气机构中相当于一个阀门，作用是准时接通和切断进、排气系统与气缸之间的通道。

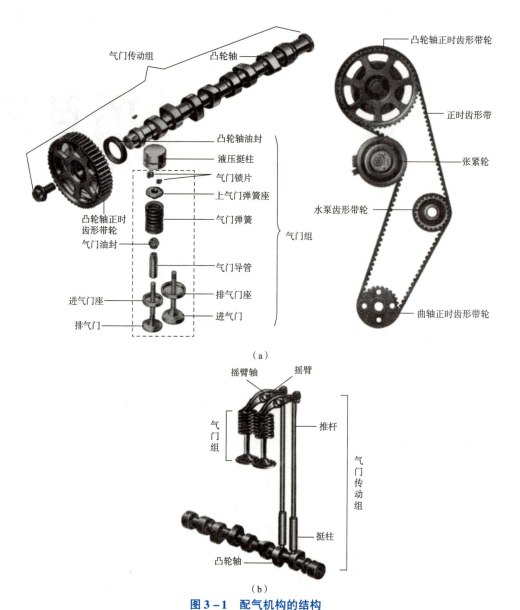

图 3-1 配气机构的结构

(a) 凸轮轴顶置式配气机构；(b) 凸轮轴下置式配气机构

气门组一般由气门、气门座、气门座圈、气门导管、气门油封、气门弹簧、气门弹簧座及气门锁片等组成，如图 3-2 所示。

1）气门

气门是燃烧室的组成部分，是气体进、出燃烧室通道的开关。其作用是封闭进、排气的通道。

气门由气门头部和气门杆两部分组成，如图 3-3 所示。气门头部与气门座配合，其作用是密封气缸的进、排气通道；气门杆则主要为气门的运动导向。

(1) 气门头部。气门头部由气门顶面和气门密封锥面组成。

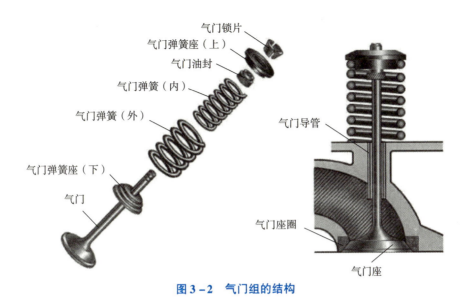

图3-2 气门组的结构

①气门顶面。常见的气门顶面的形状主要有平顶、球面顶和喇叭形顶3种形式,如图3-4所示。

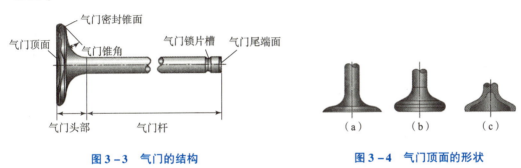

图3-3 气门的结构

图3-4 气门顶面的形状
(a)平顶;(b)球面顶;(c)喇叭形顶

②气门密封锥面。气门密封锥面是气门头部与气门座圈接触的工作面,是与气门杆同一中心线的锥面。一般将这一锥面与气门顶部平面的夹角称为气门锥角,如图3-5所示,其通常为30°和45°。

一般情况下,气门锥角比气门座或气门座圈锥角稍小一些,目的是使二者不以锥面的全宽接触,这样可以有效地增加气门密封锥面的接触压力,加速磨合,并能切断和挤出二者之间的任何积垢或积炭,以保持锥面的良好密封性。

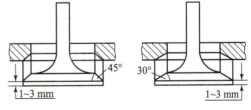

图3-5 气门锥角

气门顶部边缘与气门密封锥面之间应有一定的厚度,一般为1~3 mm,以防止在工作中受冲击而损坏或被高温气体烧坏。

(2)气门杆。气门杆与气门导管配合,为气门开启与关闭过程中的上下运动导向。气门杆为圆柱形,发动机在工作时,气门杆不断地在气门导管中上下往复运动,而且润滑条件极为恶劣。因此,要求气门杆杆身与气门导管有一定的配合精度和耐磨性,气门杆杆身表面须经过热处理和磨光，气门杆杆身与头部之间的过渡应尽量圆滑，不但可以减小应力集中，还可以减小气流阻力。

2）气门座

气缸盖上与气门密封锥面相贴合的部位称为气门座。如图3-6所示，气门座可以直接在气缸盖上镗出，也可以用耐热钢、球墨铸铁或合金铸铁单独制成气门座圈，然后压入气缸盖或气缸体的相应孔中，后者称为镶嵌式气门座。

气门座圈是单独制成的零件，以一定的过盈压入气缸盖上的座孔中，其结构如图3-7所示。

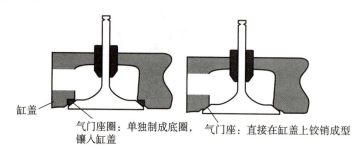

图3-6 气门座的结构

图3-7 气门座圈

3）气门导管

气门导管的作用是对气门运动进行导向，保证气门作直线往复运动，使气门与气门座或气门座圈锥面能精确配合，此外，还将气门杆接收的热量部分传递给气缸盖。气门导管为圆柱形管，如图3-8所示，其外表面有较高的加工精度。

气门导管是以一定的过盈量压入气缸盖上的气门导管座孔，以保证良好地传热和防止松脱。有的发动机气门导管用卡环定位，使气门弹簧下座将卡环压住，因此导管轴向定位可靠，如图3-9所示。

图3-8 气门导管

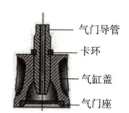

图3-9 气门导管的定位示意

4）气门油封

气门油封装在气门导管上端，用于发动机气门导管的密封，是油封的一种。其可以防止机油进入燃烧室，如图3-10所示。

气门油封是发动机气门组的重要零件之一，由于其在高温下与机油接触，因此需要采用耐热性和耐油性优良的材料。气门油封一般由外骨架和氟橡胶共同硫化而成，径口部装有自紧弹簧或钢丝，如图3-11所示。

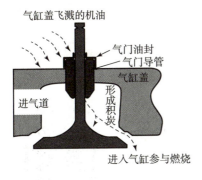

图 3 – 10　气门油封的作用

图 3 – 11　气门油封

5）气门弹簧

气门弹簧的作用是保证气门在关闭时，气门能紧密地与气门座或气门座圈贴合，并克服气门在开启时配气机构产生的惯性力，使传动件始终受凸轮控制而不相互脱离，同时防止气门在发动机振动时因跳动而破坏密封。

气门弹簧一般为等螺距圆柱形螺旋弹簧，如图 3 – 12 所示。弹簧两端磨平，在安装时，须将气门弹簧的一端支承在气缸盖（或下气门弹簧座）上，另一端压靠在气门杆尾端的气门弹簧座上，弹簧座用锁片或锁销固定在气门杆的尾端。

当气门弹簧的工作频率与其固有的振动频率相等或为整数倍时，气门弹簧就会发生共振。共振将使配气定时遭到破坏，使气门发生反跳和冲击，甚至使弹簧折断。为防止共振的发生，可采取下列措施：

（1）采用双气门弹簧。在柴油机和高性能汽油机上广泛采用在每个气门安装两个直径不同，旋向相反的内、外弹簧的方式，如图 3 – 13 所示。由于两个弹簧的固有频率不同，当一个弹簧发生共振时，另一个弹簧能起到阻尼减振作用。

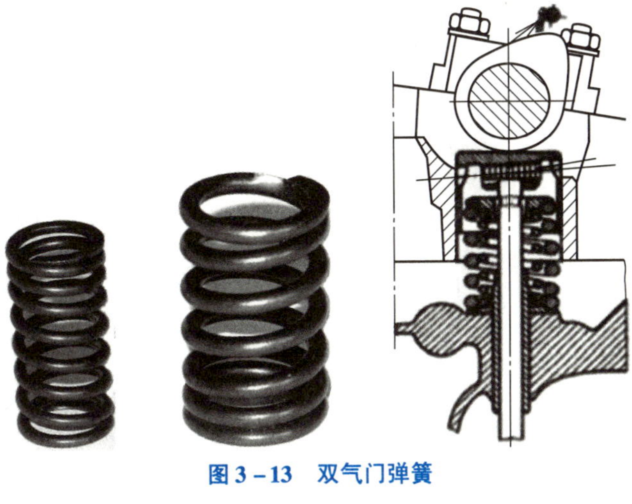

图 3 – 12　气门弹簧

图 3 – 13　双气门弹簧

（2）采用变螺距气门弹簧。某些高性能汽油机采用的是变螺距气门弹簧，如图3-14所示。变螺距气门弹簧的固有频率不是定值，从而可以避免共振。

（3）采用锥形气门弹簧。锥形气门弹簧如图3-15所示，其刚度和固有振动频率沿弹簧轴线方向是变化的，因此可以消除发生共振的可能性。

图3-14　变螺距气门弹簧

图3-15　锥形气门弹簧

6）气门锁片

气门锁片又称为气门锁夹，其用来固定气门弹簧座，通过弹簧的弹性实现弹簧座与气门杆同时往复运动的作用。

气门锁片呈空心倒椎台状，如图3-16所示，内部有一道或多道凸缘与气门杆尾端的凹槽配合，以固定气门弹簧座。

2. 气门传动组

气门传动组的作用是按规定的配气相位定时地驱动气门开、闭，并保证气门有足够的开度和适当的气门间隙。

由于气门传动组的形式不同，气门传动组的组成也不同。凸轮轴下置式配气机构的气门传动组主要由凸轮轴、挺柱、推杆和摇臂组等组成，如图3-17所示；凸轮轴上置式配气机构的气门传动组主要由凸轮轴、凸轮轴正时齿形带轮、张紧轮、液压挺柱等组成，如图3-18所示。

图3-16　气门锁片

图3-17　凸轮轴下置式配气机构的气门传动组

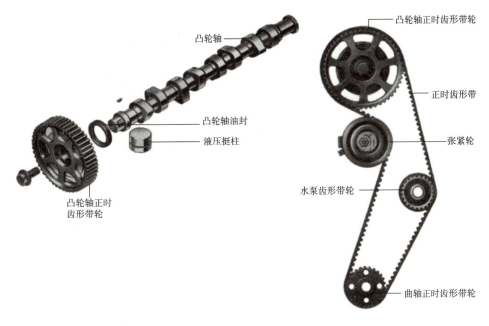

图 3-18 凸轮轴上置式配气机构的气门传动组

1) 凸轮轴

凸轮轴的作用是驱动和控制发动机各缸气门的开启和关闭,使其符合发动机的工作顺序、配气相位及气门开度的变化规律等要求。

凸轮轴主要由凸轮和轴颈组成,如图 3-19 所示。凸轮分为进气凸轮和排气凸轮两种,用来驱动气门的开启与关闭;轴颈对凸轮轴起支承作用。

2) 挺柱

挺柱的作用是将凸轮轴的推力传给推杆或气门杆,并承受凸轮轴旋转时所施加的侧向力。挺柱常用的形式有普通挺柱和液压挺柱两种。

(1) 普通挺柱可分为整体式挺柱和滚轮式挺柱两种。其中,整体式挺柱又分为菌形挺柱和筒形挺柱两种,如图 3-20 所示。

图 3-19 凸轮轴的结构　　图 3-20 普通挺柱
(a) 菌形挺柱;(b) 筒形挺柱;(c) 滚轮挺柱

(2) 液压挺柱如图 3-21 所示。液压挺柱由挺柱体、油缸、柱塞、球形阀、补偿弹簧等组成,如图 3-22 所示。采用液压挺柱消除了配气机构中的间隙,减小了各零件的冲击载荷和噪声,同时凸轮轮廓可设计得比较陡,使气门开启和关闭速度更快,从而减小进气、排气阻力,改善发动机的换气特性,提高发动机的性能。

图 3-21　液压挺柱

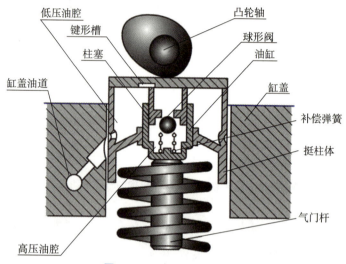

图 3-22　液压挺柱的结构

3）推杆

推杆处于挺柱和摇臂之间，其作用是将挺柱传来的运动和作用力传给摇臂。

在凸轮轴下置式配气机构中，推杆是一个细长的杆件，加上传递的力很大，所以极易弯曲。因此，要求推杆有较好的纵向稳定性和较大的刚度。图 3-23 所示为推杆的 3 种形式。为了减轻质量，推杆多采用空心钢管，并在两端焊有或镶有不同形状的端头。端头经过淬火和光磨，可增加其耐磨性。

4）摇臂组

摇臂组由摇臂、摇臂轴、摇臂轴支座及定位弹簧等组成，如图 3-24 所示。摇臂通过摇臂轴支承在摇臂轴支座上，摇臂轴支座安装在气缸盖上。

（1）摇臂实际上是一个双臂杠杆，其作用是将推杆或凸轮传来的运动和作用力改变方向，并作用到气门杆端以推开气门。其中间有圆孔两边不等长的杠杆，如图 3-25 所示，此杠杆两边的比值（称为摇臂比）为 1.2~1.8，其中长臂一端用来推动气门，短臂一端制成螺纹孔，安装有气门间隙调整螺钉（使用液压挺柱的发动机没有），在调整螺钉上还带有锁紧螺母，以调整配气机构的气门间隙。摇臂与支架之间装有防止

图 3-23　推杆的 3 种形式

(a) 钢管制成的实心推杆；(b) 硬铝棒推杆；
(c) 钢管制成的空心推杆

轴向移动的弹簧,轴的内孔用油管与主油道相通,以便供给润滑油。

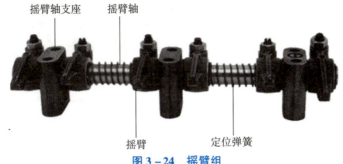

图 3-24 摇臂组

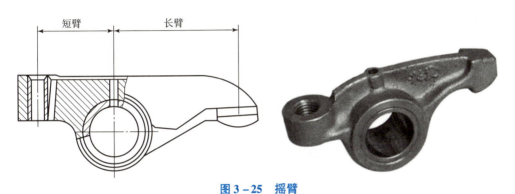

图 3-25 摇臂

(2)摇臂轴的作用是支承摇臂。其为空心管状结构。

任务 2　气门组的检测与维修

前面已叙及气门组主要由气门、气门座、气门座圈、气门导管、气门油封、气门弹簧、气门弹簧座及气门锁片等部件组成,下面介绍它们的检测与维修方法。

1. 气门的检测与维修

气门的常见损伤形式主要有气门变形、气门积碳、气门烧蚀以及气门断裂等,如图 3-26 所示。

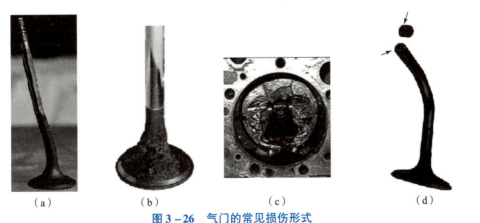

图 3-26 气门的常见损伤形式
(a)气门变形;(b)气门积碳;(c)气门烧蚀;(d)气门断裂

1) 气门的检测

（1）气门杆直径的检测。如图 3 – 27 所示，用外径千分尺测出气门杆的直径并与维修手册对照，超出磨损极限时应更换气门。

（2）气门杆长度的检测。如图 3 – 28 所示，用游标卡尺检测气门杆的长度并与维修手册对照，超出磨损极限时应更换气门。

（3）气门杆直线度的检测。如图 3 – 29 所示，将气门架在检测台上，转动气门杆一圈，百分表的摆差即气门杆直线度误差。气门杆直线度误差大于 0.05 mm 时，应予更换或校直，校直后的直线度误差不得大于 0.02 mm。

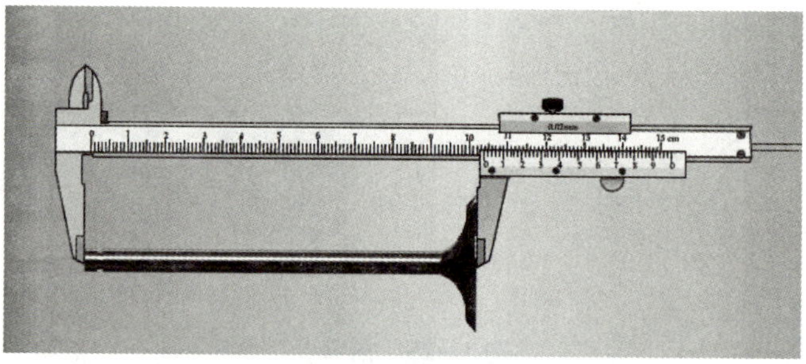

图 3 – 27　气门杆直径的检测

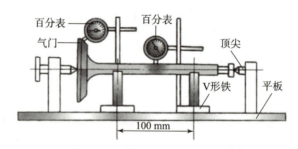

图 3 – 28　气门杆长度的检测

图 3 – 29　气门杆直线度的检测

2) 气门的维修

气门的工作锥面起槽、变宽，烧蚀后出现斑点和凹陷时，应进行光磨修理。

2. 气门座的检测与维修

气门座的耗损主要是磨损和由冲击载荷造成的硬化层脱落，以及由高温气体的腐蚀造成的密封带变宽、气门与气门座关闭不严、气缸密封性降低。如果出现这些现象，一般应检修气门座。

1) 气门座的镶换

若气门座有裂纹、松动、烧蚀或磨损严重；或经多次加工修理，新气门装入后，气门头部顶平面仍低于气缸盖燃烧室平面 2 mm 以上，则应镶换新的气门座。

2) 气门座的铰削

若气门座烧蚀严重,或密封接触面宽度过宽,应对气门座进行铰削加工。此外,更换新的气门座圈后也应该进行铰削加工。

气门座的铰削通常是手工操作的,如图3-30所示。铰削工艺如下:

(1) 根据气门头直径和工作锥面选择一组合适的铰刀,再根据气门直径选择刀杆。每组铰刀有45°(或30°)、15°和75° 3种不同角度,如图3-31所示。其中45°(或30°)铰刀又可分为粗铰刀和精铰刀两种。

图3-30 手工铰削气门座

图3-31 气门铰刀的选择和组装

(2) 检查气门导管。若未更换气门导管,则应检查气门导管的磨损程度。

(3) 砂磨硬化层。若未更换气门座,则在铰削前应先将砂布垫在铰刀下,磨除座口硬化层,以防止铰刀打滑和延长铰刀的使用寿命。

(4) 粗铰工作面。如图3-32(a)所示,用45°粗铰刀铰削气门座工作面,直至消除磨损和烧蚀痕迹(对于新座圈,要求铰削出宽度适当的工作锥面)。

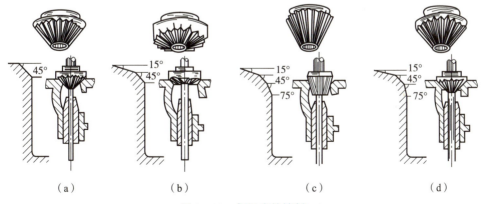

图3-32 气门座的铰削

(a) 粗铰;(b) 铰上口(可用于接触面偏上时的调整操作);
(c) 铰下口(可用于接触面偏下时的调整操作);(d) 精铰

(5) 用深度游标尺检查气门下陷量。

(6) 调整密封接触面的位置和宽度。密封接触面应处于工作锥面中部。若偏向气门杆部，则应选用15°铰刀（斜面与刀杆中心线夹角）进行修整，如图 3-32（b）所示；若偏向气门头部，则选用75°铰刀进行修整，如图 3-32（c）所示。密封接触面的宽度应符合设计要求，如图 3-33 所示，若密封接触面宽度过大，则用 15°和 75°两种铰刀分别进行铰削。

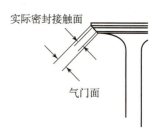

图 3-33 密封接触面的宽度

(7) 用精铰刀铰削气门座工作面，降低表面粗糙度，或用细砂布包在刀刃上，将气门座工作面磨光，如图 3-32（d）所示。

3）气门与气门座的研磨

若气门和气门座圈仅有轻微磨损或烧蚀，可通过研磨气门与气门座来恢复其密封性。此外，气门与气门座经铰削加工后，也应该进行研磨。气门的研磨，可用手工操作或气门研磨机进行。

4）气门密封性检测

气门和气门座经过修理后，都要对其密封性进行检测，其方法主要有压力法、划线法和漏油法 3 种。

(1) 压力法。如图 3-34 所示，试验时，先将空气压筒密贴在气门头部周围，再压缩橡皮球，使空气压筒内具有一定压力（68.6 Pa 左右），如果在半分钟内，气压表的读数不下降，则表示气门密封性良好。

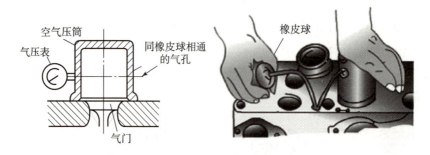

图 3-34 用压力法检测气门密封性

(2) 划线法。如图 3-35 所示，在气门工作面上用软铅笔均匀地画上若干条直线后重新装入气门座中，转动气门 1/8～1/4 圈，然后取出气门，检查气门工作面上的铅笔线条是否被均匀地切断。若被均匀地切断，则说明气门密封性良好；若有些线条未被切断，则说明密封不良，应重新研磨。

(3) 漏油法。将气门擦干净装入气门座，然后在气缸盖燃烧室内注满汽油或煤油，如图 3-36 所示，若在 1 min 内没有油从气门与气门座圈处渗出，则表明气门密封性良好；反之，则说明密封不良。

3. 气门导管与气门杆之间配合间隙的检测

将气缸盖倒置在工作台上，把气门顶升至高出座口约 10 mm 处，安装磁性百分表座，

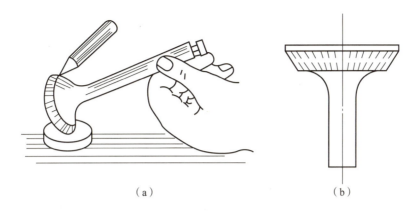

图 3-35 用划线法检测气门密封性
（a）在气门工作面上用软铅笔均匀地画线；（b）查看铅笔画的线条

使百分表的触头触及气门头边缘，侧向推动气门头，同时观察百分表指针的摆动，其摆动量即实测的近似间隙，如图 3-37 所示。如换上新气门，其间隙值仍超过允许值，则应更换气门导管。气门杆与气门导管的配合间隙超过限度时应予以更换。

图 3-36 用漏油法检测气门密封性　　**图 3-37 气门导管与气门杆之间配合间隙的检测**

4. 气门油封的安装及更换

润滑油无泄漏却消耗异常，一般是活塞与气缸配合间隙过大或气门油封漏油所致，应及时更换。在更换气门油封时，应使用专用工具安装气门油封，如图 3-38 所示。

注意：有些发动机进气门油封与排气门油封是不同的，安装时不能装错。

5. 气门弹簧的检测

气门弹簧的常见故障是长期受压缩，产生塑性变形导致自由长度变短、弹力减弱、簧身歪斜，严重时可能出现弹簧折断。气门弹簧的检测主要是观察有无裂纹或折断、测量气门弹簧的自由长度（如图 3-39 所示）和垂直度（如图 3-40 所示），以及测量气门弹簧的弹力。气门弹簧不能维修，只能更换。

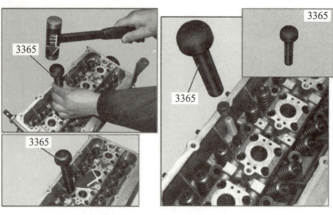

图 3-38 安装气门油封

图 3-39 测量气门弹簧的自由长度

图 3-40 测量气门弹簧的垂直度

任务3 气门传动组的检测与维修

气门传动组的检测与维修包括凸轮轴的检测与维修、正时链条和链轮的检测、挺柱的检测与维修以及气门间隙的检测与调整。

1. 凸轮轴的检测与维修

凸轮轴的常见损伤是凸轮轴弯曲变形、凸轮轮廓磨损、支承轴颈表面磨损以及正时齿轮驱动件耗损等。这些损伤会使气门的最大开度和发动机的充气系数降低、配气相位失准，并改变气门上下运动的速度特性，从而影响发动机的动力性和经济性等。

1）凸轮表面的检测与维修

现代发动机的配气凸轮均为组合线型，需在专用磨床上用靠模加工，凸轮修磨十分困难。当凸轮表面仅有轻微烧蚀或凹槽时，可用砂条修磨，若凸轮表面磨损严重或最大升程小于规定值，应予以更换。

2）凸轮轴弯曲变形的检测与维修

凸轮轴弯曲变形以凸轮轴中间轴颈对两端轴颈的径向圆跳动误差来衡量，检测方法如图 3-41 所示。将凸轮轴放置在 V 形铁上，V 形铁和百分表放置在平板上，使百分表触头与凸轮轴中间轴颈垂直接触。转动凸轮轴，百分表表针的摆差即凸轮轴的弯曲度。

检测完毕再将检测结果与标准值比较，以确定是修理还是更换。

3）凸轮轴轴向间隙的检测与调整

凸轮轴轴向间隙的检测如图3-42（a）所示，用塞尺插入凸轮轴第一道轴颈前端面与止推凸缘之间或正时齿轮轮毂端面与止推凸缘之间，塞尺的厚度值即凸轮轴轴向间隙。如间隙值不符合要求，可通过增减止推凸缘的厚度来调整。

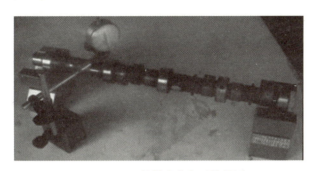

图3-41 凸轮轴弯曲变形的检测

采用轴承翻边进行轴向定位的发动机在检测凸轮轴轴向间隙时，要在不装液压挺柱的情况下进行（可只装第一、五道轴承盖），如图3-42（b）所示，用百分表触头顶在凸轮轴前端，轴向推拉凸轮轴，百分表的摆动量即凸轮轴轴向间隙。若间隙值超出使用极限，则应更换凸肩的凸轮轴轴承。

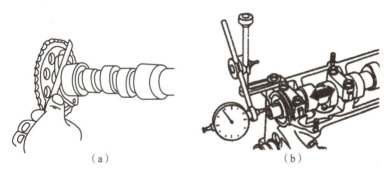

图3-42 凸轮轴轴向间隙的检测

2. 正时链条和链轮的检测

1）正时链条长度的检测

如图3-43所示，对正时链条施以一定的拉力，拉紧后测量其长度，若长度超过允许值，则应予以更换。

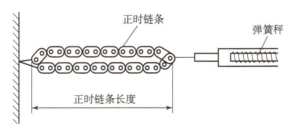

图3-43 正时链条长度的检测

2）正时链轮最小直径的检测

如图3-44所示，将正时链条分别包住凸轮轴正时链轮和曲轴正时齿轮，用游标卡尺测量其直径，若小于允许值，则应更换链条和链轮。

3. 挺柱的检测与维修

1）普通挺柱的检测与维修

普通挺柱多为由冷激铸铁材料制成的筒式挺柱。其缺点是底面的冷激层极易产生疲劳磨损；此外，挺柱运动的特殊性，加之润滑条件较差或其他原因使挺柱运动阻滞，造成底部的不均匀磨损，导致挺柱底部对凸轮的反磨效应加剧，使凸轮早早磨耗而报废。

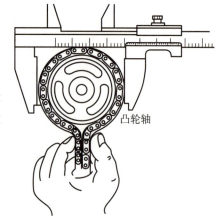

图3-44 正时链轮最小直径的检测

检修普通挺柱时，应注意：

（1）若挺柱底部出现环形光环，如图3-45（a）所示，则说明该磨损不均匀，应尽早更换新件。

（2）若挺柱底部出现裂纹，如图3-45（b）所示，则应立即更换。

（3）若挺柱底部出现腐蚀斑点或疲劳剥落，如图3-45（c）所示，则应立即更换。

（4）若挺柱底部出现擦伤划痕，如图3-45（d）所示，则应立即更换。

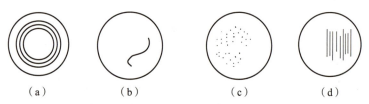

图3-45 普通挺柱底部的损伤形式

(a) 环形光环；(b) 裂纹；(c) 腐蚀斑点；(d) 擦伤划痕

2）液压挺柱的检测与维修

以捷达ATK发动机为例，如图3-46所示，检修液压挺柱的方法：拆下气缸盖罩，顺时针旋转曲轴，直到待查挺柱的凸轮桃尖向上，用木制或者塑料楔向下压住挺柱。如果凸轮轴和挺柱之间可以放入0.2 mm的塞尺，就应更换液压挺柱。

在检测和维修液压挺柱时应注意：

在更换挺柱后应检查挺柱与承孔的配合状况。检查方法：用食指和拇指捏住挺柱，转动挺柱时应以其灵活自如无阻滞，摆动挺柱时无旷量为正常。

4. 气门间隙的检测与调整

气门间隙的检测与调整通常在冷态下进行，一般内燃机都规定了冷态间隙。一般来说，冷态间隙比热态间隙要大，排气门间隙比进气门间隙要大。

检测与调整气门间隙的原则是在气门处于完全关闭且气门挺柱落在最低位置时进行。

1）气门间隙的检测

气门间隙的检测如图3-47所示。

图3-46 液压挺柱的检测

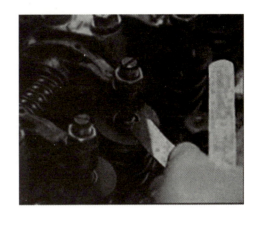
图3-47 气门间隙的检测

2）气门间隙的调整

气门间隙的大小取决于产品及其型号，由发动机制造商规定，具体应参照车型对应的维修手册。

不同结构类型的配气机构，其气门间隙所处的位置不同，调整方法也不尽相同。但不管是哪种类型的配气机构，其气门间隙都在气门杆的尾端与驱动它的传动件之间。如图3-48所示，先松开锁紧螺母，用螺丝刀旋动调整螺钉，将与气门间隙规定值相同厚度的厚薄规插入气门杆端部与摇臂之间，旋转调整螺钉并来回拉动塞尺，当感觉塞尺有轻微阻力时即可，拧紧锁紧螺母后还要复查，如间隙有变化，则需重新进行调整。

图3-48 气门间隙的调整

项目四

冷却系统的检测与维修

一辆 1.6 L 老速腾轿车的行驶里程为 11 万 km。在长途行驶的过程中，车主发现水温表报警，最后出现发动机"开锅"的情况。于是车主将车开到了大众4S店进行维修。现在，主要的任务是配合维修技师对发动机进行检测，找出发动机的故障及原因，并进行维修。

一、学习目标

1. 知识目标
（1）掌握冷却系统的作用、组成和分类；
（2）掌握冷却系统的循环水路；
（3）掌握冷却系统主要部件的结构和功能。

2. 能力目标
（1）能够对冷却系统的主要部件进行拆装；
（2）能够对节温器、水泵和散热器等主要部件进行检测。

二、知识准备

任务1 冷却系统的结构及基本原理

在发动机工作的过程中，气缸内气体温度可高达 2 000 ℃ ~ 2 500 ℃，直接与高温气体接触的机件（如气缸体、气缸盖、气门等）若不及时加以冷却，则其中的运动机件可能因受热膨胀而破坏正常间隙，或因润滑油在高温下失效而卡死；各机件也可能因为高温而机械强度降低甚至损坏。所以，为保证发动机正常工作，必须冷却这些在高温条件下工作的机件。

1. 冷却系统的作用及分类

1）冷却系统的作用

冷却系统的作用就是使工作中的发动机得到适度的冷却，从而保持发动机在最适宜的温度范围内工作。在采用水冷却系统的发动机中,冷却液的工作温度一般为 80 ℃ ~ 105 ℃。

2) 冷却系统的分类

根据冷却介质的不同,汽车发动机的冷却方式有水冷却和风冷却两种。现代汽车发动机普遍采用水冷却系统。

(1) 风冷却系统。将发动机中高温零件的热量直接散发到大气,使发动机的温度降低而进行冷却的一系列装置称为风冷却系统。采用风冷却系统的发动机,为了增大散热面积,在气缸体和气缸盖上制有许多散热片,发动机利用车辆在前进中的空气流,或特设的风扇鼓动空气,吹过散热片,将热量带走。

图 4 – 1 所示是发动机风冷却系统示意,气缸和气缸盖的表面均布散热片,它与气缸体或气缸盖铸成一体。

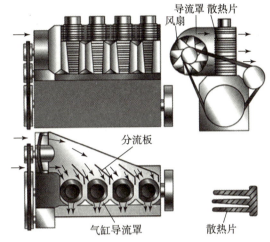

图 4 – 1 风冷却系统示意

(2) 水冷却系统。将发动机中高温零件的热量先传给水,再散发到大气中去,使发动机的温度降低而进行冷却的一系列装置,称为水冷却系统。目前汽车发动机上广泛采用的是水冷却系统。

水冷却系统一般由散热器、水泵、水管、水套、节温器、百叶窗、膨胀水箱、冷却液温度表和风扇等组成。大众 ATK 发动机水冷却系统如图 4 – 2 所示。

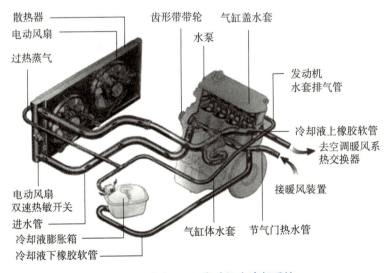

图 4 – 2 大众 ATK 发动机水冷却系统

2. 冷却系统循环水路

为了保证发动机在不同负荷、转速和气候条件下保持正常的工作温度,冷却液的循环路线是不同的。大众 ATK 发动机冷却系统布置示意如图 4 – 3 所示,冷却液轴向进入水泵后,经水泵叶轮径向直接流进发动机机体水套,吸收机体热量。

此后，冷却液分两路循环，一路为大循环，另一路为小循环。当冷却液温度较高时，冷却液进行大循环，如图 4-4（a）所示，即冷却液流经散热器冷却后，进入装在机体水泵进口处的节温器，此时节温器主阀门打开，副阀门关闭，冷却液流向水泵进水口，以求迅速降低冷却液温度，增强冷却效果；当冷却液温度较低时，冷却液进行小循环，如图 4-4（b）所示，此时节温器主阀门关闭，副阀门打开，冷却液直接进入节温器后的水泵进水口，不经散热器冷却，以使发动机冷却液温度迅速升高到正常工作温度。大众 ATK 发动机冷却液温度低于 85 ℃ 时，进行小循环；当冷却液温度高于 85 ℃ 时，部分冷却液进行大循环；当冷却液温度达到 105 ℃ 时，全部冷却液参加大循环。

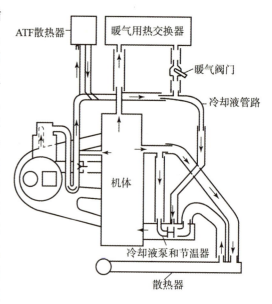

图 4-3 大众 ATK 发动机冷却系统布置示意

除了节温器可通过改变流经散热器中冷却液的流量来调节冷却强度以外，冷却强度还可通过改变流经散热器的空气流量得到调节，如采用电动风扇、百叶窗、自动风扇离合器等。

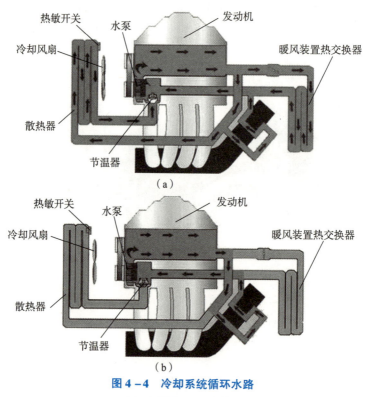

图 4-4 冷却系统循环水路
（a）大循环；（b）小循环

3. 水冷却系统主要部件的结构及基本原理

1) 水泵

（1）水泵的作用。水泵的作用是对冷却液加压，强制冷却液在冷却系中循环流动。常见的水泵安装在发动机前端，由发动机曲轴通过皮带驱动，现代汽车发动机均采用离心式水泵，这种水泵结构简单、体积小、出水量大、维修方便，获得广泛应用。

（2）水泵的结构。离心式水泵主要由外壳、叶轮、水泵轴、轴承、水封皮碗和挡水圈等组成，如图4-5所示。

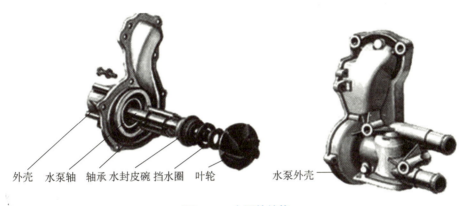

图4-5 水泵的结构

大众车系水泵如图4-6所示，其一半壳体铸在缸体壁上，采用闭式叶轮。水泵的叶轮用工程塑料压注成形，它装在双连轴承的一端，另一端泵轴轴头安装带轮，发动机通过V形带传动水泵叶轮旋转。

图4-6 大众车系水泵

叶轮的前端为水封装置，它包括带有两凸缘的夹布胶木密封垫圈卡于水泵外壳的两槽内，以防止转动。弹簧通过水封环将水封皮碗的一端压在水封座圈上，而另一端压向夹布胶木密封垫圈上；为了防止水泵内腔的水沿水泵轴向前渗漏，夹布胶木密封垫圈又压在水泵叶轮毂的端面上。当有少量的水滴由水封处渗出时，为避免破坏轴承的润滑，渗漏的水滴可从泄水孔泄出。

（3）水泵的工作原理。离心式水泵的工作原理示意如图4-7所示。发动机工作时带动水泵叶轮旋转，水泵中的水被叶轮带动一起旋转，在离心力的作用下向叶轮边缘甩出，经与叶轮呈切线方向的出水管压送到发动机水套内。与此同时，叶轮中心处形成一定的负压，将水从进水管吸入，如此连续地作用，使冷却液在水路中不断地循环。

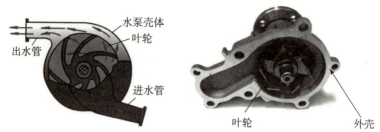

图4-7 离心式水泵的工作原理示意

2) 散热器

（1）散热器的作用。散热器也称为水箱，其作用是将冷却液吸收的热量散发到大气中。散热器必须有足够的散热面积。其通常使用导热性能、结构刚度和防冻性能较好的铜、铝和铝锰合金等材料制造。

（2）散热器的结构。散热器主要由上、下储水室，散热器芯，散热器盖等组成，如图4-8所示。散热器上储水室为薄钢板制成的容器，用橡胶皮管同发动机出水管连接，并设有散热器盖。下储水室也是用薄钢板制成的容器，用橡胶软管同发动机进水管或水泵连接，并装有放水开关。

3) 节温器

（1）节温器的作用。节温器安装在冷却液循环的通路中，它的作用是根据发动机负荷及冷却液温度来改变冷却液的流动路线及流量，自动调节冷却系统的冷却强度，使冷却液的温度保持在最适宜的范围内。

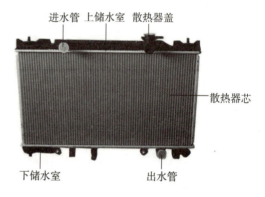

图4-8 散热器的结构示意

（2）节温器的结构。目前汽车发动机上广泛采用的是蜡式节温器，因为它具有对水压影响不敏感、工作性能稳定、水流阻力小、结构坚固和使用寿命长等优点。

大众发动机采用的是蜡式双阀型节温器，如图4-9所示。长方形的阀座与下支架铆接在一起，紧固在阀座上的中心杆的锥形端下部插在橡胶管内。橡胶管与感应体之间的空腔内充满特制的石蜡。常温下石蜡呈固态，当温度升高时逐渐熔化，体积也随之增大，感应体上端套装在主阀门上，下端则与副阀门铆接在一起。节温器安装在水泵下端，进水口的前部，用来控制水泵的进水。

（3）节温器的工作原理。当冷却液温度低于85℃时，节温器体内的石蜡体积膨胀量尚小，故主阀门受大弹簧作用紧压在阀座上，来自散热器的水道被关闭，而副阀门则离开来自发动机的旁通水道，所以冷却液便不经过散热器，只在水泵与发动机水套之间作小循环流动。这样，冷发动机开始工作时，冷却液快速升温，能很快暖机，在短时间内达到发动机正常工作温度。当冷却液的温度高于85℃时，石蜡体积膨胀，使橡胶管受挤压变形，但由于中心杆是固定不动的，于是橡胶管收缩，对中心杆锥形端产生一轴向推力，迫使感应体压缩大弹簧，使主阀门逐渐开启，副阀门逐渐关闭，因而部分来自散热器的冷却液作大循环流

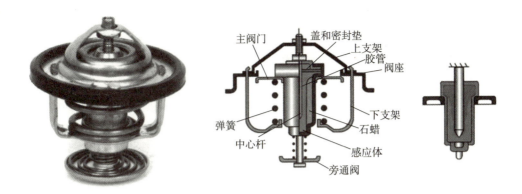

图 4-9 蜡式双阀型节温器

动。随着温度升高,主阀门开大,作大循环流动的冷却水的水量增多。当冷却液的温度达到 105 ℃时,主阀全开,开足升程至少 7 mm,副阀门则完全关闭,全部冷却液流经散热器作大循环流动。

4)冷却风扇

(1)冷却风扇的作用。冷却风扇安装在散热器后面,其在旋转时,会产生轴向吸力,增加流过散热器的空气量,加速对流经散热器的冷却液的冷却,同时使发动机外壳及附件得到适当冷却。

(2)冷却风扇的结构。现代汽车发动机的冷却风扇通常采用合成树脂材料制成,以减少噪声,且广泛采用电动风扇。其特点是风扇由电动机驱动,如图 4-10 所示。发动机在低温时,冷却风扇不转动;发动机在高温时,冷却风扇才转动。某些冷却风扇有高、低两个挡位,由专门的电路控制。

(3)冷却风扇的工作原理

冷却风扇可以提高通过散热器芯的空气流速,增加散热效果,加速冷却液的冷却。冷却风扇通常安排在散热器后面,当冷却风扇旋转时,对空气产生抽吸作用,使之沿轴向流动。空气流由前向后通过散热器芯,如图 4-11 所示,使冷却液加速冷却。

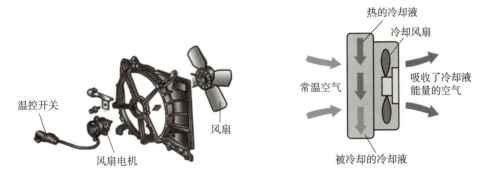

图 4-10 电动风扇示意　　　图 4-11 空气流由前向后通过散热器芯

任务 2　冷却系统的检测与维修

冷却系统的检测与维修包括水泵的检测与维修、散热器的检测与维修、节温器的检测和冷却风扇的检测。

1. 水泵的检测与维修

发动机水泵常见的损坏形式有水泵壳体、卡簧槽及叶轮破裂；带轮凸缘配合孔松动；水封变形、老化及损坏；泵轴磨损、轴承磨损松旷等。

（1）检查水泵壳体、卡簧槽是否破裂，若裂纹较轻，可根据情况实施焊补或用环氧树脂胶黏结；若较严重，则应更换。工程塑料叶轮若有破损，则必须更换。

（2）凸缘孔若松旷，应镶套后重新加工，必要时更换新件；水封一般应更换新件；轴承磨损超差应更换；泵轴可采用镀铬、喷涂修复，必要时更换新轴。

（3）水泵装合后，首先用手转动皮带轮，泵轴转动应无卡滞现象；叶轮与泵壳应无碰擦感觉，然后在试验台上，按原厂规定进行压力-流量试验。

2. 散热器的检测与维修

在散热器内使用了防冻剂，能防冻、防锈、防结垢。由于散热器是个薄弱环节，易损伤和发生渗漏，所以应注意散热器的清洁工作。同时一旦发现散热器软管有龟裂、损伤、膨胀状况，应及时更换。

（1）散热器的清洗。冷却系统水垢沉积后，会使冷却液流量减小，散热器传热效果降低，促使发动机过热。清除水垢有以下两种方法：第一种方法是用2%~3%的苛性钠水溶液加入发动机冷却系统中，汽车使用1~2天后将冷却液全部放出，并用清水冲洗，然后再加入同样的苛性钠水溶液，使用1~2天后放出，最后用清水彻底清洗冷却系统。第二种方法是在冷却系统加满清水后，从加水口向内加入1 kg的苏打，让汽车行驶1天时间，然后将冷却系统中的水放尽，再使发动机低速运转，运转时不断地从加水口加入清水（放水开关也放水），以彻底将冷却系统冲洗干净。

（2）散热器的检测。如图4-12所示，将专用的检查仪安装到散热器上，用检查仪手泵对冷却系统加压到100 kPa左右，然后仔细观察检查仪上压力表的指示压力变化，如果2 min内压力下降15 kPa，即压力指示出现明显下降时，说明冷却系统存在渗漏部位，应予以排除。检测方法：堵死散热器的进、出口，在散热器内充入50~100 kPa压力的压缩空气，并将其浸泡在水中，检查有无气泡冒出。如有气泡冒出，则应在冒泡部位做好标记，以便焊修。再将压力提高到120~150 kPa，此时膨胀水箱盖上的压力阀必须打开，否则应更换。

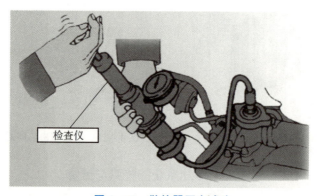

图4-12 散热器压力试验

（3）散热器盖的检测。对于具有空气－蒸气阀的散热器盖，应用专用压力检测器检测，散热器盖的压力阀、蒸气阀的开启压力应在规定范围内。

3. 节温器的检测

检测节温器功能是否正常，可将其置于热水中加热，观察节温器阀门的开启温度和升程，如图4-13所示，将测量结果与标准值比较，如果不符合要求，应进行更换。

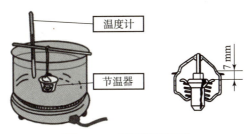

图4-13　节温器的检测

4. 冷却风扇的检测

冷却风扇连接板强度不足或其他原因，使风扇叶片向前弯曲或扭转变形，破坏了风扇叶片原设计的角度，使其丧失平衡性能，不但会影响通过散热器的空气流速和流量，降低了散热器的冷却能力，甚至打坏散热器，加速水泵轴承、水封的损坏，还会大幅度增大风扇的噪声。所以风扇叶片若出现变形、弯曲、破损，应及时更换。

项目五

润滑系统的检测与维修

一辆迈腾 B8 轿车在行驶过程中出现了机油压力报警灯常亮现象，车主给服务站打电话后，被告知车辆不能够继续行驶，只能由救援车拉到 4S 店进行维修。现在，主要的工作就是配合维修技师对迈腾 B8 轿车进行检测，找到机油压力报警的原因并排除。

一、学习目标

1. 知识目标

（1）掌握润滑系统的作用及组成；

（2）理解润滑系统的润滑方式和滤清方式；

（3）掌握润滑系统主要部件的结构组成和工作原理。

2. 能力目标

（1）能够检测机油油位并更换机油、滤清器；

（2）能够对润滑系统的主要部件进行拆装；

（3）能够对机油泵等主要部件进行检测，判断其工作状态。

二、知识准备

 润滑系统概述

1. 润滑系统的作用及组成

发动机工作时，传力零件的相对运动表面之间必然产生摩擦。金属表面之间的摩擦不仅会增大发动机内部的功率消耗，使零件工作表面迅速磨损，而且摩擦产生的大量热可能导致零件工作表面烧损，致使发动机无法运转。因此，为保证发动机正常工作，必须对相对运动表面润滑，也就是在摩擦表面上覆盖一层润滑油使金属表面间形成一层薄的油膜，以减小摩擦阻力，降低功率损耗，减轻机件磨损，延长发动机的使用寿命。

1）润滑系统的主要作用

（1）润滑作用。在相对运动零件表面之间形成一层油膜，减少摩擦和磨损。

(2) 清洗作用。润滑油可带走零件表面的污物，清洁零件表面；机油在润滑系统内不断循环，清洗摩擦表面，带走磨屑和其他异物。

(3) 冷却作用。在发动机工作时，润滑系统可以通过机油的循环流动从摩擦表面吸收和带走一定的热量，保持零件温度不致过高，以防摩擦表面过热而烧毁。

(4) 密封作用。利用机油的黏性，附着于运动零件表面，形成油封，提高零件的密封效果。

(5) 防锈蚀作用。机油能吸附在金属零件表面，防止水、空气和酸性气体与零件表面接触而发生氧化或腐蚀。

(6) 液压作用。润滑油还可用作液压油，如液压挺柱起液压作用。

(7) 减振缓冲作用。在运动零件表面形成油膜，吸收冲击并减小振动，起减振缓冲作用。

2) 润滑系统的组成

如图 5-1 所示，发动机润滑系统的组成大体相同，一般有以下几个基本装置：

图 5-1 润滑系统的组成

(1) 油底壳、机油泵、油管、油道、限压阀等。用于储存机油，建立足够的油压使之在发动机内循环流动，并限制油路中的最高压力。

(2) 滤清装置。如集滤器、机油滤清器等，用来清除机油中的杂质，保证润滑油清洁和润滑可靠。

(3) 冷却装置。如机油散热器、机油冷却器等，用来冷却机油，保持油温正常，润滑可靠。有些发动机没有专门的润滑油冷却装置，而是靠空气流过油底壳来冷却润滑油。

(4) 仪表装置。如油温表、油压表等，用来检测润滑系统的工作情况。

2. 润滑系统的润滑方式和机油滤清方式

1) 润滑方式

发动机常见的润滑方式如下：

(1) 压力润滑。利用机油泵，将具有一定压力的润滑油源源不断地送往摩擦表面。适用于工作载荷大、相对速度高的运动表面，如曲轴主轴承、连杆轴承、凸轮轴轴承等。

(2) 飞溅润滑。利用发动机工作时运动零件飞溅起来的油滴或油雾来润滑摩擦表面。适用于载荷较小、相对速度较低的运动件表面，如活塞、气缸壁、凸轮、正时齿轮、摇臂、气门等。

(3) 润滑脂润滑。在发动机辅助系统中，有些零件只需定期加注润滑脂进行润滑，例如水泵及发电机轴承等。

(4) 自润滑。通过在承载基体中复合进具有低摩擦系数的固体润滑剂，减小摩擦表面间的摩擦力或其他形式的摩擦力。

2) 滤清方式

在发动机润滑系统中，有全流式、分流式和并联式3种机油滤清方式，如图5-2所示。

(1) 如图5-2（a）所示，在全流式方式中，机油滤清器与主油道串联，所有机油在进入发动机主油道前都必须通过机油滤清器。若机油滤清器堵塞，则机油顶开机油滤清器上的旁通阀直接进入主油道。现代轿车一般都采用这种过滤形式。

(2) 如图5-2（b）所示，在分流式方式中，机油滤清器与主油道并联，只有一部分机油通过机油滤清器被滤清，而大部分机油被直接泵入发动机主油道。这种形式在以前的发动机上才采用。

(3) 如图5-2（c）所示，在并联式方式中，有两个机油滤清器，其中粗滤器与主油道串联，细滤器与主油道并联。这种形式多用在大型柴油机当中。

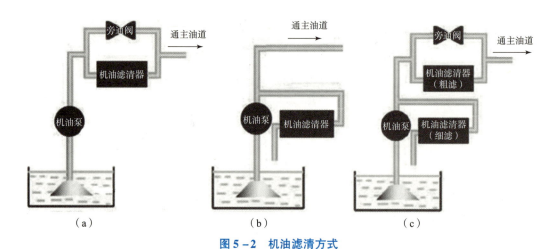

图 5-2 机油滤清方式

(a) 全流式；(b) 分流式；(c) 并联式

3. 润滑系统主要部件的结构及基本原理

1) 机油泵

(1) 机油泵的作用。机油泵的作用是保证机油在润滑系统内循环流动，并在发动机的任何转速下都能以足够高的压力向润滑部位输送足够数量的机油。

(2) 机油泵的分类。机油泵可分为齿轮式、转子式和叶片式3类，如图5-3所示。齿轮式机油泵又分内啮合齿轮式和外啮合齿轮式两种。发动机采用的主要有外啮合齿轮式、转子式和叶片式。

(a) (b) (c) (d)

图 5-3 机油泵的分类

(a) 外啮合齿轮式机油泵；(b) 内啮合齿轮式机油泵；(c) 转子式机油泵；(d) 叶片式机油泵

2) 机油泵的结构和工作原理

(1) 外啮合齿轮式机油泵。机油泵壳体上加工有进油口和出油口。在机油泵壳体内装有一个主动齿轮和一个从动齿轮。齿轮和壳体内壁之间留有很小的间隙。其工作原理如图 5-4 所示，当齿轮按图示方向旋转时，进油腔的容积由于轮齿向脱离啮合方向运动而增大，腔内产生一定的真空度，润滑油便从进油口被吸入并充满进油腔。旋转的齿轮将齿间的润滑油带到出油腔。由于轮齿进入啮合，出油腔容积减小，油压升高，润滑油经出油口被输送到发动机油道中。

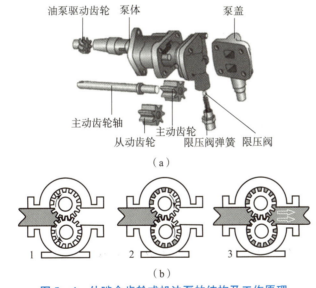

图 5-4 外啮合齿轮式机油泵的结构及工作原理

(a) 结构；(b) 工作原理

一般在泵盖上铣出一条泄压槽与出油腔相通，使轮齿啮合时挤出的润滑油通过泄压槽流向出油腔，以消除轮齿进入啮合时在齿轮间产生的很大推力。

(2) 内啮合齿轮式机油泵。内啮合齿轮式机油泵也称为内接齿轮泵，其工作原理与外啮合齿轮式机油泵相同。内接齿轮泵的结构如图 5-5 所示，其外齿轮是主动齿轮，套在曲轴前端，通过花键由曲轴直接驱动。内接齿轮是从动齿轮，装在机油泵体内，泵体固定在机体前端。

因为内接齿轮泵由曲轴直接驱动，无须中间传动机构，所以零件数量少，制造成本低，占用空间小，使用范围广。但是这种机油泵在内、外齿轮之间有一处无用的空间，使机油泵的泵油效率降低。另外，如果曲轴前端轴颈太粗，那么机油泵的外形尺寸也随之增大，发动机驱动机油泵的功率损失也相应有所增加，因此发动机现在已不采用，而是广泛采用自动变速器油泵。

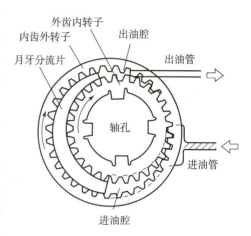

图 5-5　内接齿轮泵的结构及工作原理

（3）转子式机油泵。机油泵壳体内装有内转子和外转子。内转子通过花键固定在主动轴上，外转子外圆柱面与壳体配合，二者之间有一定的偏心距，外转子在内转子的带动下转动。壳体上设有进油口和出油口。在内、外转子的转动过程中，转子的每个齿的齿形齿廓线上总能相互成点接触。这样内、外转子间形成了多个封闭的工作腔。由于外转子总是慢于内转子，所以这些工作腔容积也在不断变化。每个工作腔在容积最小时与壳体上的进油孔相通，随着容积的增大，产生真空，润滑油便经进油孔吸入。转子继续旋转，当工作腔与出油孔相通时，容积逐渐减小，压力升高，润滑油被压出。

图 5-6 所示为奥迪 A1 1.4TFSI 发动机所采用的转子式机油泵结构。该泵是个定排量泵，就是说它输送出的机油量是固定不变的。机油压力通过机油泵内的一个弹簧加载的调节柱塞来调节。这个压力调节阀在油压为 (4 ± 0.5) bar[①] 时会自动打开，泄出的机油将流回油底壳。

由于转子式机油泵结构紧凑，体积小，质量轻，泵油量大，供油均匀度好，安装在曲轴箱外位置较高处时也能很好地供油，所以目前在轿车发动机中被广泛应用。

图 5-6　奥迪 A1 1.4TFSI 发动机所采用的转子式机油泵的结构

3）机油滤清器

机油滤清器按过滤能力一般可分为集滤器、粗滤器和细滤器 3 种。

（1）集滤器。集滤器安装在机油泵前，用来防止粒度大的杂质进入机油泵。集滤器一般采用滤网式，有浮式和固定式两种结构形式。

①浮式集滤器。浮式集滤器由浮子、滤网、罩及焊在浮子上的吸油管所组成，如图 5-7 所示。浮子是空心的，以便浮在油面上。固定管通往机油泵，安装后固定不动。吸油管活套在固定管中，使浮子能自由地随油面升降。

浮子下面装有由金属丝制成的滤网；滤网有弹性，中央有环口，平时依靠滤网本身的弹性，使环紧压在罩上；罩的边缘有缺口，与浮子装合后形成缝隙。

---

① 1 bar = 100 kPa。

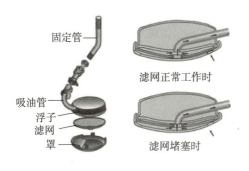

当机油泵工作时，机油从罩与浮子之间的狭缝被吸入，经过滤网滤去粗大的杂质后，通过油管进入机油泵；滤网堵塞时，滤网上方的真空度增大，克服滤网的弹力，滤网便上升而环口离开罩。此时机油不经滤网而直接从环口进入吸油管内，以保证机油的供给不中断。浮式集滤器能吸入油面上较清洁的机油，但油面上的泡沫易被吸入，使机油压力降低，润滑欠可靠。

图 5-7　浮式集滤器的结构及工作原理示意

②固定式集滤器。固定式集滤器安装在油面之下，如图 5-8 所示。它的滤网相对油底壳位置不变，吸入中或中下层润滑油，吸入的机油清洁度稍逊于浮式集滤器，但可防止泡沫被吸入，润滑可靠，结构简单，故基本取代了浮式集滤器。

（2）粗滤器。

①粗滤器的作用。粗滤器属于全流式滤清器，串联于机油泵与主油道之间，它对机油的流动阻力较小，用以滤去机油中粒度较大（直径为 0.05~0.1 mm）的杂质。

②粗滤器的分类。粗滤器根据滤清元件（滤芯）的不同，可以有各种不同的结构形式。汽车发动机常用的有金属片缝隙式和纸质式粗滤器。

a. 金属片缝隙式粗滤器由于具有质量大、结构复杂、制造成本高等缺点已基本被淘汰，目前许多汽车发动机都采用纸质式粗滤器。

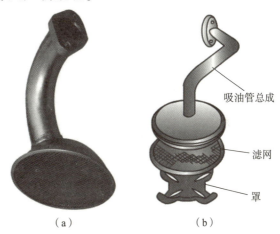

图 5-8　固定式集滤器的实物图及结构示意
(a) 实物图；(b) 结构示意

b. 纸质式粗滤器由纸质滤芯、安全阀（或旁通阀）等组成，如图 5-9 所示。纸质滤芯用于过滤润滑油中的杂质；安全阀则在纸质滤芯堵塞时打开，是为了不妨碍润滑油正常循环工作而设置的旁通阀。

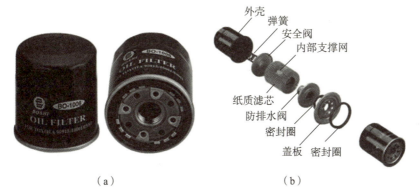

图 5-9　纸质式粗滤器的实物图及结构示意
(a) 实物图；(b) 结构示意

(3) 细滤器。

①细滤器的作用。细滤器属于分流式滤清器，与主油道并联，对润滑油的流动阻力较大，用来滤除直径在0.001 mm以上的细小杂质。将经粗滤器过滤的润滑油的一小部分引入细滤器，使此部分润滑油得到充分过滤。经过一段时间运转后，所有润滑油都将通过一次细滤器，以保证润滑油的清洁度。

②细滤器的分类。细滤器分为过滤式和离心式两种类型。现代发动机一般采用离心式细滤器。

a. 离心式细滤器的结构。图5-10所示为EQ6100-1型发动机离心式细滤器的实物图及结构示意。

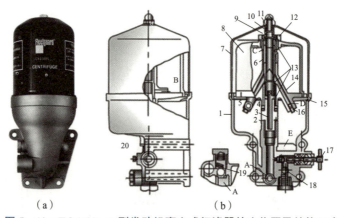

图5-10　EQ6100-1型发动机离心式细滤器的实物图及结构示意
(a) 实物图；(b) 结构示意
1—壳体；2—锁片；3—转子轴；4—推力轴承；5—喷嘴；6—转子踢端套；7—滤清器盖；8—转子盖；9—支承垫圈；10—弹簧；11—压紧螺套；12—压紧螺母；13—衬套；14—转子体；15—挡板；16—螺塞；17—调整螺钉；18—旁通阀；19—进油限压阀；20—管接头
A—滤清器进油口；B—出油口；C—进油口；D—通喷嘴油道；E—滤清器出油口

b. 离心式细滤器的工作原理。滤清器壳体上固定着带中心孔的转子轴，转子体上压有3个衬套，并与转子体端套连成一体，套在转子轴上可自由转动。压紧螺母将转子盖与转子体紧固在一起。转子下面装有推力轴承，上面装有支承垫圈，并用弹簧压紧以限制转子轴的轴向窜动。转子下端装有两个径向水平安装的喷嘴。压紧螺套将滤清器盖固定在壳体上，使转子密封。

发动机工作时，从油泵来的机油进入滤清器进油口A。当机油压力低于0.1 MPa时，进油限压阀不开启，机油则不进入滤清器而全部供入主油道，以保证发动机润滑可靠。当油压高于0.1 MPa时，则进油限压阀被顶开，机油沿壳体中的转子轴内的中心油道，经出油口B进入转子内腔，然后经进油口C、通喷嘴油道D从两喷嘴喷出。在机油喷射的反作用力的推动下，转子及转子内腔的机油高速旋转。在离心力的作用下，机油中的杂质被甩向转子壁并沉淀，清洁的机油经滤清器出油口E流回油底壳。

在发动机工作中如果油温过高，可旋松调整螺钉，机油通过球阀，经管接头流向机油散热器。当油压高于0.4 MPa时，旁通阀打开，机油流回油底壳。

4) 机油散热装置

一些热负荷较大的发动机，如大功率柴油机等，除利用油底壳对机油进行散热外，还设有专门的机油散热装置。常见的机油散热装置主要有机油散热器和机油冷却器两种。

（1）机油散热器。机油散热器与冷却液散热器的结构基本相同，其布置在冷却液散热器前面，利用风扇的风力使机油冷却，如图 5 – 11 所示。机油散热器油路与主油道并联，在气温低的季节或润滑油压力低时不使用机油散热器，故在机油散热器前面常串联有手动开关和限压阀。

由于机油散热器采用风冷式散热，无法控制其冷却强度，在发动机起动后暖机时间长，所以普通汽车一般不采用机油散热器，仅在赛车或少数涡轮增压发动机上采用。

图 5 – 11　机油散热器

（2）机油冷却器。机油冷却器利用发动机冷却液对机油进行冷却。机油冷却器油路与主油道串联，由于冷却液的温度能自动控制，所以润滑油温度也能得到一定的控制。

机油冷却器的结构如图 5 – 12 所示，主要由芯子和壳体组成。芯子由铜制的圆形或椭圆形管与散热片组成，与两端的进、出水腔相通。冷却液在芯子管内流动，润滑油在管外流动。机油冷却器上装有旁通阀，当机油温度过低、黏度过大时，旁通阀打开，机油不经冷却而直接进入主油道。

5）限压阀和旁通阀

在润滑系统中都设有几个限压阀和旁通阀，以确保润滑系统正常工作，如图 5 – 13 所示。

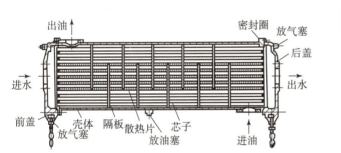

图 5 – 12　机油冷却器的结构

图 5 – 13　限压阀和旁通阀
（a）限压阀；（b）旁通阀

（1）限压阀。限压阀用来限制润滑系统中机油的最大压力。在发动机工作时，机油泵的泵油压力是随发动机转速增加而增高的，并且当润滑系统中油路堵塞、轴承间隙过小或使用的机油黏度过大时，也将使供油压力增高。当机油泵和主油道上机油压力超过预定的压力时，克服限压阀弹簧作用力，顶开阀门，一部分机油从侧面通道流入油底壳内，使油道内的油压下降至设定的正常值后，阀门关闭。

（2）旁通阀。旁通阀用来保证润滑系统内油路畅通。当机油滤清器堵塞时，机油通过并联在其上的旁通阀直接进入润滑系统的主油道，防止主油道断油。旁通阀与限压阀的结构基本相同，由于它们的安装位置、控制压力、溢流方向不同，通常旁通阀弹簧刚度比限压阀弹簧刚度小得多。

6）机油尺

机油尺用来检查油底壳内油量和油面高低，如图 5 – 14（a）所示。它是一片金属杆，下端制成扁平形，并有刻线。机油油面必须处于油尺的上限和下限之间，如图 5 – 14（b）所示，油面的最佳位置应在上限与下限中间点偏上为宜。

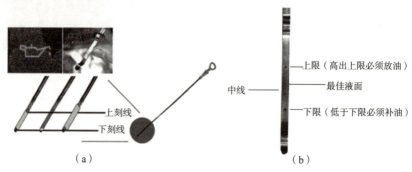

图 5 – 14　机油尺示意

任务 2　润滑系统的检测、维修与维护

1. 润滑系统的检测与维修

1）机油泵的检测与维修

机油泵的主要损伤形式是零件磨损造成的泄漏，其导致泵油压力降低，泵油量减小。机油泵的磨损情况可以通过检测机油泵各处的间隙获得。由于机油泵在工作时润滑条件好，零件磨损速度慢，使用寿命长，因此可以根据它的工作性能确定是否需要拆检和修理。

（1）齿轮式机油泵的检测和维修。

①检测机油泵主、从动齿轮与机油泵盖端面的间隙，如图 5 – 15 所示。

②检测主、从动齿轮的啮合间隙。检查时，将机油泵盖拆下，用塞尺在互成 120°角的 3 个位置处测量机油泵主、从动齿轮的啮合间隙，如图 5 – 16 所示。

图 5 – 15　检测机油泵主、从动齿轮与机油泵盖端面的间隙示意

图 5 – 16　检查主、从动齿轮的啮合间隙示意

③检查主动齿轮端面与机油泵壳的配合间隙，如图 5 – 17 所示。

④检查机油泵主动轴的弯曲度。将机油泵主动轴支承在 V 形架上，用百分表检查弯曲度。若弯曲度超过 0.03 mm，则应对其进行校正或更换。

⑤检查机油泵盖。机油泵盖如有磨损、翘曲和凹陷超过 0.05 mm，应以车、研磨等方法

进行修复。

⑥检查限压阀。检查限压阀弹簧有无损伤、弹力是否减弱、限压阀配合是否良好、油道是否堵塞、滑动表面有无损伤，必要时应更换限压阀。

（2）转子式机油泵的检测和维修。对于转子式机油泵应检测以下各处间隙：

①检测内转子齿顶与外转子内廓面间的间隙，如图5-18所示。

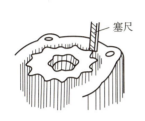

图5-17 检测主动齿轮端面与机油泵壳的配合间隙示意

图5-18 检测内转子齿顶与外转子内廓面间的间隙示意

②检测外转子与泵体间的间隙，如图5-19所示。外转子与泵体间的间隙值一般为0.10~0.16 mm，极限值为0.30 mm。

③检测转子的端面间隙，如图5-20所示。转子的端面间隙值一般为0.03~0.09 mm，极限值为0.20 mm。

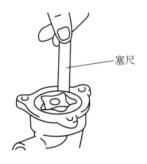

图5-19 检测外转子与泵体间的间隙示意

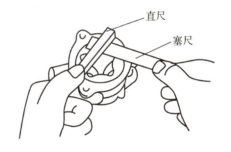

图5-20 检测转子的端面间隙示意

2）机油滤清器的检测与维修

（1）集滤器的检修。集滤器的损坏形式有油管和滤网堵塞、浮子破损下沉等。若油管和滤网堵塞，则应用柴油或煤油清洗后，再用压缩空气吹干；若浮子有破损，则应进行焊修。

（2）粗滤器的维护。越来越多的发动机为维修方便，均采用旋转式滤芯结构，滤芯为纸质折叠式结构、封闭式外壳，直接旋装于滤清器盖上，达到规定里程后定期进行整体更换。

（3）细滤器的检修。当发动机的机油压力高于0.15 MPa时，在运转10 s以上后，立即熄火，在熄火后2~3 min内，在发动机旁若听不到细滤器转子转动的"嗡嗡"声，则说明细滤器不工作。若机油压力正常，细滤器的进油单向阀也未堵塞，则为细滤器故障。此时，应拧开压紧螺母，取下外罩，将转子转到喷嘴并对准挡油板的缺口，取出转子，清除污物，清洗转子并疏通喷嘴,经调整或换件后再组装。

3) 机油散热器的检测与维修

机油散热器的常见故障是管道阻塞不通、管道破裂、散热片重叠变形、限压阀调整不当等。机油散热器拆下后,用煤油灌入散热管管道进行清理,并用压缩空气吹通。散热管如有损坏,可参照冷却系统散热器的修理方法进行。若散热片重叠变形,则予以拨正,并用压缩空气吹净片间的积垢。

4) 机油压力表及传感器的检测

若主油道中的实际润滑油压力正常,而机油压力表指示的润滑油压力不正常,或低压报警灯亮,则为油压报警开关短路损坏或其导线搭铁;若油压过低,油压报警灯不亮,则为油压报警开关断路损坏或其导线断路、报警灯烧坏等。在检查断路故障时可用万用表逐点检测;在检查搭铁故障时可用逐点拆线法检测。

2. 润滑系统的维护

1) 机油的检查

应经常检查发动机机油油面高度,具体方法如下:

(1) 车辆必须处于水平位置,发动机必须预热,机油温度必须高于60 ℃。

(2) 发动机熄火后等待几分钟,其目的是让机油流回到油底壳中。

(3) 拔出机油尺,用干净的抹布擦干,然后再将其插到底。

(4) 拔出机油标尺,读取机油液面高度数值。

(5) 用手捻搓机油尺上的机油,检查其黏度,看有无汽油味和水泡等。

2) 更换机油和机油滤清器

发动机机油在使用过程中会有质和量的变化,必须定期更换,否则油泥、积炭等沉积物将影响发动机的正常工作。

更换机油时,应按汽车制造商推荐的换油周期并考虑车辆的使用条件等因素进行。具体操作如下:

(1) 将汽车停放在平坦的地面上,起动发动机并使其处于热机状态,然后熄火。

(2) 拧下油底壳放油螺塞,趁热将旧机油排入合适的机油容器内。

(3) 拧下机油滤清器并排净其内部的旧机油。

(4) 在确保所有旧机油都已排出的前提下,装回油底壳放油螺塞。

(5) 将符合规定(规格和油量)的新机油从注油口加入曲轴箱中。

(6) 在安装新滤清器前,在机油滤清器油封上涂上机油,向新滤清器中注满符合规定要求的机油。这将消除初次起动过程中润滑系统中的空气。

(7) 起动发动机并检查机油压力,检查滤清器周围是否漏油;停熄发动机并检查机油标尺上的机油油位是否合适。

项目六

燃料供给系统的检测与维修

一辆速腾轿车在行驶了3.8万千米后，车主发现车辆在超车时加速无力，车主把车开到一汽大众4S店对车辆进行全面的检测。现在，主要的工作是配合维修技师对该车进行检测，找到加速无力的原因并排除故障。

一、学习目标

1. 知识目标

（1）理解汽油机燃料供给系统的作用和组成；
（2）理解电控喷射式燃料供给系统的组成和工作原理；
（3）掌握进气系统主要零部件的构造和工作原理；
（4）掌握排气系统主要零部件的构造和工作原理；
（5）掌握燃油供给系统主要零部件的构造和工作原理。

2. 能力目标

（1）能够按照标准对燃油供给系统进行燃油压力测试并判断故障；
（2）能够对燃油供给系统进行标准化拆装；
（3）能够对传感器和执行器进行检测；
（4）能够正确拆装进、排气系统的主要部件；
（5）能够对进、排气系统的电气部件进行检测。

二、知识准备

任务1　汽油机燃料供给系统的结构及基本原理

汽油机燃料供给系统的作用是储存、输送和清洁燃料。根据发动机不同工况的要求，需配制一定数量和浓度的可燃混合气进入气缸，并在燃烧做功后，将燃烧产生的废气排至大气。

汽油机燃料供给系统有化油器式燃料供给系统和电控喷射式燃料供给系统两大类型。化油器式燃料供给系统已逐渐退出历史舞台，目前在汽车发动机中广泛采用电控喷射式燃料供给系统。

1. 电控喷射式燃料供给系统的控制原则

电控喷射式燃料供给系统的控制原则如图6-1所示，即以信号输入装置（各种传感器）测得的参数（如空气流量和发动机转速信号）为控制依据，以电子控制单元（ECU）为控制核心，以执行机构（喷油器等）为控制对象，保证发动机在各种工况下获得最佳的混合气浓度，以满足发动机的动力性、经济性和排放要求。

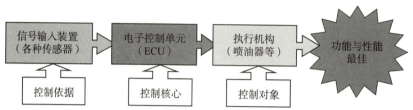

图6-1 电控喷射式燃料供给系统的控制原则

2. 电控喷射式燃料供给系统的组成

电控喷射式燃料供给系统主要由空气供给系统、燃油供给系统和电子控制系统3个子系统组成，如图6-2所示。

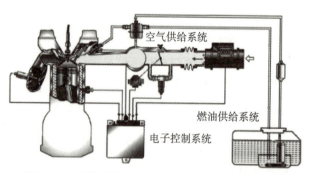

图6-2 电控喷射式燃料供给系统的基本组成示意

1）空气供给系统

空气供给系统的作用主要是对空气进行过滤、计量，同时，为了提高发动机的功率还要通过实施电子控制来增大进气量。因此，空气供给系统中除了安装有空气滤清器、节气门体、进气管外，还设置了许多传感器和执行器，如图6-3所示。本部分主要介绍机械部件，传感器和执行器后续专门介绍。

（1）空气滤清器。

①空气滤清器的作用。空气滤清器的作用是滤去空气中的尘土和砂粒，以减少气缸、活塞和活塞环的磨损，延长发动机的使用寿命。

②空气滤清器的分类。空气滤清器按滤清方式可分为惯性式、过滤式和综合式（前两种的综合）3种。目前，汽车发动机广泛采用纸质干式空气滤清器，它属于过滤式。这种滤清器具有结构简单、质量轻、成本低、使用方便、滤清效果好的优点。纸质干式空气滤清器的滤清效率可达99.5%以上。

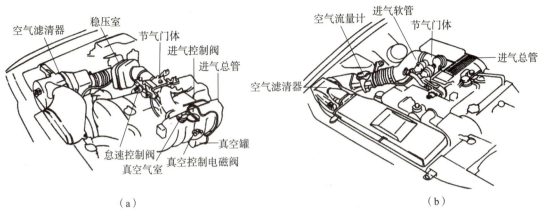

(a)　　　　　　　　　　　　　　　　　(b)

图 6-3　空气供给系统主要元件安装位置示意

(a) D 形空气供给系统；(b) L 形空气供给系统

③空气滤清器的构造。图 6-4 所示为纸质干式空气滤清器的结构示意。滤芯的上、下两端有塑料密封圈，以保证滤芯两端的密封。发动机工作时，空气由盖与外壳之间的空隙进入，经纸质滤芯滤清后，通过外壳下端的进气口进入。

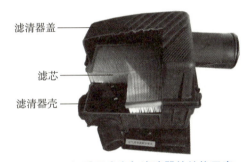

图 6-4　纸质干式空气滤清器的结构示意

纸质干式空气滤清器的滤芯是用树脂处理的微孔滤纸制成的，有许多形式和形状；滤芯呈波折状，具有较大的过滤面积，如图 6-5 所示。

图 6-5　各种形式和形状的滤芯

(2) 节气门体。

①节气门体的作用。节气门体安装在空气流量计之后的进气管上，用来控制发动机正常运行工况下的进气量。驾驶员通过控制加速踏板来控制节气门体的开度，加速踏板踩得越深，节气门体的开度越大，进气量就越大，喷油量也随之增大，发动机输出功率也会越大。

②节气门体的结构。节气门体是一个圆形的钢片阀门，通常在节气门体上还安装有节气门体位置传感器、冷却水管、怠速空气道、怠速控制电机等装置，如图 6-6 所示。

③节气门体的分类。按控制方式，节气门体可分为传统拉线式节气门体和电子节气门体两种。

a. 传统拉线式节气门体。传统拉线式节气门体是通过拉索（软钢丝）或者拉杆，一端与油门踏板相连，另一端与节气门体上的油门操纵轮相连，如图6-7所示。

传统拉线式节气门体的传输比例是1∶1，也就是说驾驶员控制踏板踩多少，节气门体的升度就是多少，如图6-8所示。但是在很多情况下，节气门体实际并不需要打开很大的角度，所以此时节气门体的开度并不一定是最科学的，这种方式虽然很直接，但它的控制精度较差。

图6-6 节气门体结构示意

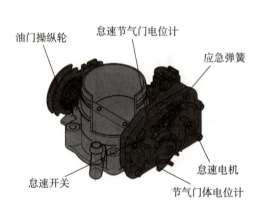

图6-7 传统拉线式节气门体的结构示意

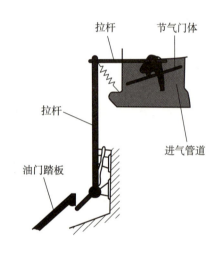

图6-8 传统拉线式节气门体的控制原理

b. 电子节气门体。电子节气门的结构示意如图6-9所示，它通过步进电动机控制节气门体的开度，从表面看是用电缆取代了传统的油门拉线，但实质上它不仅简单地改变了连接方式，而是对整个车辆的动力输出实现自动控制功能。

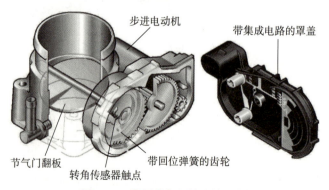

图6-9 电子节气门的结构示意

当驾驶员需要加速时踩下油门,如图 6-10 所示,踏板位置传感器将感知的踏板位置信号通过电缆传递给 ECU,ECU 经过分析、判断,发出指令给驱动电动机,由驱动电动机控制节气门体的开度,以调整进气量。在大负荷时,节气门体的开度大,进入气缸内的可燃混合气多,如果使用传统拉线式节气门体,就只能靠驾驶员脚踩油门踏板的深浅来控制节气门体的开度,很难将节气门体的开度精确调整到能达到理论空燃比的状态;而电子节气门体则能够通过 ECU 将传感器采集的各种数据进行分析、比对,并发出指令让节气门体执行机构动作,将节气门体的开度调整到最佳,以实现不同负荷和工况下都能接近 14.7 的理论空燃比状态,使燃料能够充分燃烧并且有效地降低排放。

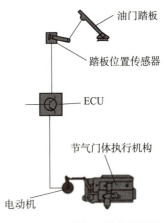

图 6-10 电子节气门体的控制原理

(3) 进气管。

a. 进气管的作用。进气管的作用是较均匀地分配可燃混合气(汽油机)或空气(柴油机)到各气缸中,对汽油机来说,进气管的另一作用是使可燃混合气和油膜继续得到汽化。

b. 进气管的组成。进气管由进气总管和进气歧管两部分组成。

Ⅰ. 进气总管。进气总管是指空气滤清器至进气歧管之间的管道,如图 6-11 所示。在电控燃油喷射式发动机的进气总管上,装有进气压力传感器或空气流量计,以便对进入气缸的空气进行计量。

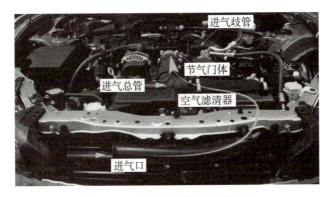

图 6-11 某发动机进气系统结构

为了提高发动机的充气效率,通常按有效利用进气压力的原理设计进气管的长度、形状和结构,进气总管上常附有各种形状的气室,其目的是充分利用进气管内的空气动力效应,增加各种工况下的充气量,以提高发动机的动力性。空气动力效应是一种复杂的物理现象,为便于说明,可将其视为气流惯性效应与气流压力波动效应共同作用的结果。

Ⅱ. 进气歧管。进气歧管位于节气门体与各缸进气门之间,如图 6-12 所示。对应发动机气缸的数量,每个气缸都有一个进气歧管,这种设计保证了各气缸进气分配的合理、均匀。

对于自然进气的发动机，由于进气歧管位于节气门体之后，所以当发动机节气门体的开度小时，气缸内无法吸到足量的空气，这会造成进气歧管的真空度升高；当发动机节气门体的开度大时，进气歧管的真空度就会变小。因此，电控发动机都会在进气歧管上装设一个进气压力传感器，供给 ECU 判定发动机负荷，从而给予适量的喷油。

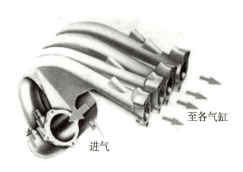

图 6-12 进气歧管结构示意

进气歧管的真空度不仅可以用来提供判定发动机负荷的压力信号，还有许多其他作用。如制动系统需要利用发动机进气歧管的真空度来辅助制动，发动机发动后刹车踏板轻盈许多，就是有真空辅助的缘故。还有某些形式的定速控制机构也会利用到进气歧管的真空度。这些真空管一旦泄漏或者改装不当，就会造成发动机控制失调，也会影响制动系统，危及行车的安全。

进气歧管一般由铸铁或铝合金铸造，轿车发动机的进气歧管多采用铝合金或耐高温、抗老化、性质稳定的工程塑料材质。进气歧管用螺栓固定在气缸体或气缸盖上，其接合面处装有衬垫，以防止漏气。

2）燃油供给系统

燃油供给系统的作用是储存并滤清汽油，根据发动机各工况的要求向发动机供给清洁的、具有适当压力并经精确计量的汽油。

不同型号发动机的燃油供给系统的结构有所不同，但基本都由油箱、电动汽油泵、汽油滤清器、燃油压力调节器、燃油分配管、喷油器等组成，如图 6-13 所示。

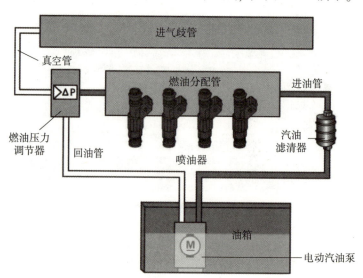

图 6-13 燃油供给系统组成结构示意

有些发动机的燃油供给系统采用了无回油管系统来减少燃油蒸发排放，将汽油滤清器、燃油压力调节器与电动汽油泵一体装入油箱，形成了单管路燃油系统。图 6-14 所示为丰田威驰 5A-FE 型发动机的燃油供给系统示意。

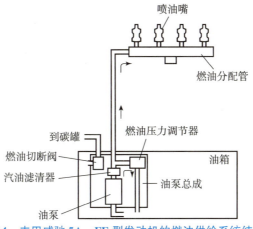

图 6-14　丰田威驰 5A-FE 型发动机的燃油供给系统结构示意

（1）油箱。油箱的作用是储存燃油。其数目、容量、外形及安装位置都随车型而异，一般轿车油箱的容量为 40~60 L，应使汽车的续驶里程达 300~600 km。

通常，货车油箱是用薄钢板冲压焊成的，内壁镀锌锡，以防腐蚀，如图 6-15 所示。轿车油箱通常由耐油硬塑料制成，如图 6-16 所示。其外形结构随车内空间布置而有所不同。

图 6-15　货车油箱　　　　　图 6-16　轿车油箱

（2）电动汽油泵。

①电动汽油泵的作用。电动汽油泵的作用是将汽油从油箱中吸出，并以足够的泵油量和泵油压力向燃油供给系统供油。

②电动汽油泵的构造。无论是哪种形式的电动汽油泵，其结构基本上是相同的，都由直流电动机、油泵、限压阀、单向阀和壳体等组成，如图 6-17 所示。

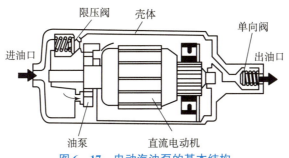

图 6-17　电动汽油泵的基本结构

油泵安装于直流电动机的一端，由直流电动机的电枢轴带动旋转，直流电动机则由 ECU 控制。

当点火开关打开时，直流电动机电路接通，电枢受到电磁力的作用转动，带动油泵一起转动，将汽油从油箱中吸出经进油口进入油泵，当油泵内的油压超过单向阀的弹簧压力时，汽油经出油口泵入燃油分配管，再分配到各个喷油器。

当油泵内的油压超过规定值时（一般为 320 kPa），油压将克服限压阀弹簧的弹力，使限压阀打开，部分汽油经限压阀返回到进油口一侧，使油泵内的压力不致过高而损坏油泵。

③电动汽油泵的分类。按照结构形式，电动汽油泵的常见结构形式有 4 种，即滚柱式、涡轮式、转子式和侧槽式。目前应用较多的是滚柱式和涡轮式两种。

a. 滚柱式电动汽油泵。

Ⅰ．滚柱式电动汽油泵的构造。滚柱式电动汽油泵的结构如图 6 – 18（a）所示，由直流电动机、滚柱泵、单向阀、限压阀等组成。其中滚柱泵的结构如图 6 – 18（b）所示，由滚柱、转子和壳体等组成。

Ⅱ．滚柱式电动汽油泵的工作原理。如图 6 – 18（b）所示，装有滚柱的转子偏心安装在电动机的电枢轴上，随电动机一起旋转。滚柱安装在转子凹槽内，可以自由移动，泵壳体侧面制有进油口和出油口。

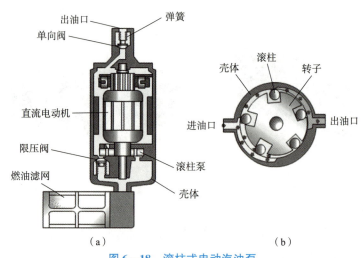

图 6 – 18　滚柱式电动汽油泵
（a）结构示意；（b）工作原理

转子旋转时，位于转子凹槽内的滚柱在离心力的作用下，压靠在泵壳体的内表面上，两个相邻的滚柱之间形成一个封闭的空腔。由于转子被偏心安装，腔室的容积在转动过程中不断变化，在腔室容积增大的一侧设有进油口，而在腔室容积变小的一侧设有出油口。当腔室容积变大时，其内部形成低压，将燃油吸入；当腔室容积变小时，其内部压力增大，将燃油压出，这样就可以将燃油从油箱吸出并加压后供到供油管路中。

b. 涡轮式电动汽油泵。

Ⅰ．涡轮式电动汽油泵的结构。涡轮式电动汽油泵的结构如图 6 – 19（a）所示，由直流电动机、涡轮泵、单向阀、限压阀等组成，其中涡轮泵由叶轮、叶片和泵体组成如图 6 – 19（b）所示。

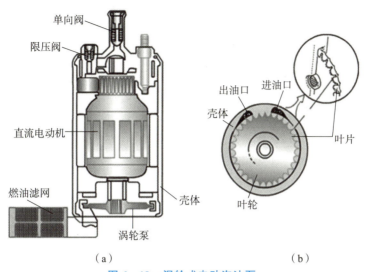

图 6-19 涡轮式电动汽油泵

(a) 结构示意；(b) 工作原理

Ⅱ. 涡轮式电动汽油泵的工作原理。涡轮泵的叶轮安装在电动机的电枢轴上，叶轮的圆周上制有小槽，叶片安装在小槽内部。电动机旋转时带动叶轮一起转动，由于离心力的作用，叶轮周围小槽内的叶片紧贴壳体，并将燃油从进油腔带往出油腔。由于进油腔的燃油被不断带走，故产生一定的真空度，油箱内的燃油经进油口吸入，而出油腔燃油不断增多，燃油压力升高。当油压升到一定值时，顶开出油口的单向阀输出。

(3) 汽油滤清器。

① 汽油滤清器的作用。汽油滤清器的作用是滤除汽油中的水分和杂质，防止燃油供给系统堵塞，减小机械磨损，确保发动机稳定运行，提高可靠性。

② 汽油滤清器的结构。在电控汽油喷射式发动机的燃油供给系统中，不管是外置式还是内置式，一般都采用纸质滤芯和一次性的汽油滤清器。汽油滤清器由外壳和滤芯组成，滤芯采用滤纸叠成菊花形和盘簧形结构，如图 6-20 所示。

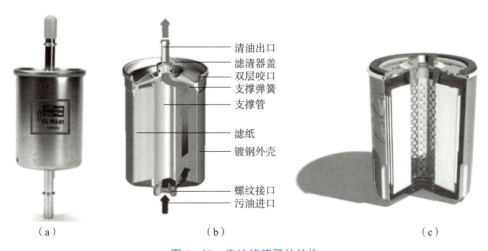

图 6-20 汽油滤清器的结构

(a) 外观；(b) 结构示意；(c) 滤芯

汽油从入口进入汽油滤清器，经过壳体内的滤芯过滤后从出口流出。如图6-20（b）所示，汽油滤清器壳体上的箭头标记为汽油流动方向，安装时不要装反。

③汽油滤清器的分类。汽油滤清器按安装位置可分为外置式和内置式两种。

a. 外置式汽油滤清器。外置式汽油滤清器一般安装在电动汽油泵出油管与燃油分配管之间的供油管路上，如图6-21所示。

b. 内置式汽油滤清器。有些车型采用无回油管系统，将燃油压力调节器、汽油滤清器与电动汽油泵一体装入油箱，图6-22所示为马自达睿翼车型所采用的内置式汽油滤清器。

图6-21 外置式汽油滤清器

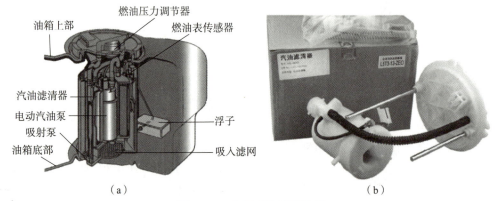

图6-22 内置式汽油滤清器

(a) 内置式汽油滤清器的安装位置；(b) 内置式汽油滤清器实物图

（4）燃油压力调节器。

①燃油压力调节器的作用。燃油压力调节器的作用是根据进气歧管压力的变化调节系统油压（即燃油分配管内的油压），使两者的压力差保持恒定，一般为250~300 kPa。

喷油器的喷油量取决于喷油器的喷孔截面、喷油时间和喷油压差（即燃油分配管内的油压与进气歧管内的气体压力之差）。在EFI系统中，ECU通过控制喷油器的喷油时间来实现对喷油量的控制。要保证燃油喷射量的精确控制，在喷油器的结构尺寸一定时，必须保持恒定的喷油压差，以使喷油器喷出的燃油量唯一地取决于喷油器的开启时间。

由于进气歧管内的气体压力是随发动机转速和负荷的变化而变化的，要保持恒定的喷油压差，必须根据进气歧管内压力的变化来调节燃油压力，即进气歧管内的压力增高时，燃油压力也应相应增高；反之，则降低。

②燃油压力调节器的结构。燃油压力调节器位于燃油分配管的一端或与电动汽油泵一体安装于油箱内，主要由膜片、弹簧和回油阀等组成，如图6-23所示。

膜片将燃油压力调节器壳体内部分成两个室，即弹簧室和燃油室。膜片上方的弹簧室通过软管与进气歧管相通，膜片与回油阀相连，回油阀控制回油量。这样，膜片上方承受的压力为弹簧的弹力和进气歧管内气体的压力之和，膜片下方承受油压。

③燃油压力调节器的工作原理。发动机工作时，由于电动汽油泵泵送的油量远大于发动机工作所需的油量，故在油压的作用下膜片移向弹簧室一侧，阀门打开，部分燃油流回油

箱，燃油分配管内保持一定的油压，此时膜片上、下的压力处于平衡状态。

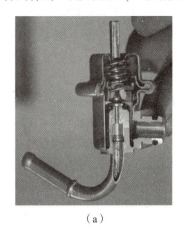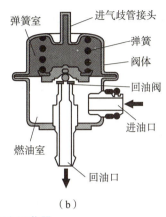

图 6-23　燃油压力调节器
(a) 实物图；(b) 结构示意

当节气门体的开度减小，进气歧管内的气体压力下降时，真空度随之增大，此时，膜片向上移动，使回油阀开度增大，回油量增加，从而使燃油分配管内油压下降，保持与变化了的进气歧管压力差值恒定；反之，当节气门体的开度增大，进气歧管内的压力升高，真空度随之降低，此时，膜片带动回油阀向下移动，回油阀开度减小，回油量减少，使燃油分配管内油压升高。燃油分配管内的油压与进气歧管内的气体压力之间的关系如图 6-24 所示。

(5) 燃油分配管。

①燃油分配管的作用。燃油分配管也称为"燃油导轨"，它的作用是固定喷油器和燃油压力调节器，并将高压燃油输送给各个喷油器。

②燃油分配管的结构。图 6-25 (a) 所示为燃油分配管的结构。它安装在进气歧管或气缸盖上，与喷油器之间用 O 形圈和卡环密封，O 形圈可防止燃油渗漏，如图 6-25 (b) 所示，并具有隔热和隔振的作用。卡环将喷油器固定在燃油分配管上。

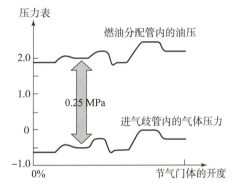

图 6-24　燃油分配管内的油压与
进气歧管内的气体压力之间的关系

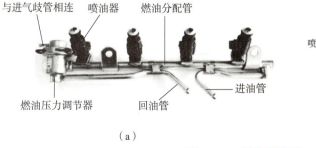

图 6-25　燃油分配管
(a) 燃油分配管的结构；(b) O 形圈的位置及作用

大多数燃油分配管上都有燃油压力测试口,可用于检查和释放油压。

(6) 喷油器。

①喷油器的作用。喷油器是电控燃油喷射系统中一个重要的执行元件,其作用是在ECU的控制下,将汽油呈雾状定时、定量地喷入进气歧管内。目前,电控燃油喷射系统全部采用电磁式喷油器。

②喷油器的结构和工作原理。喷油器基本都由进油滤网、线束连接器、电磁线圈、回位弹簧、衔铁和针阀等组成,针阀与衔铁制成一体,如图6-26所示。

喷油器不喷油时,回位弹簧通过衔铁使针阀紧压在阀座上,防止滴油。当电磁线圈通电时,产生电磁吸力,将衔铁吸起并带动针阀离开阀座,同时回位弹簧被压缩,燃油经过针阀并由轴针与喷口的环隙或喷孔中喷出。当电磁线圈断电时,电磁吸力消失,回位弹簧迅速使针阀关闭,喷油器停止喷油。在喷油器的结构和喷油压力一定时,喷油器的喷油量取决于针阀的开启时间,即电磁线圈的通电时间。回位弹簧弹力对针阀密封性和喷油器断油的干扰程度会产生影响。

③喷油器的分类。多点喷射系统中使用的喷油器形式较多,按其结构特点可分为轴针式喷油器和孔式喷油器两种。

a. 轴针式喷油器。轴针式喷油器针阀的前端有一段轴针,喷油器关闭时轴针露出喷孔,其结构如图6-32(a)所示。轴针式喷油器的主要特点是喷孔不易堵塞,但燃油的雾化质量稍逊于孔式喷油器,且由于针阀的质量较大,其动态响应较差。

b. 孔式喷油器。孔式喷油器针阀的前端没有轴针,故针阀不露出喷孔。孔式喷油器的喷孔数为1~2个。针阀头部为锥形或球形(称为球阀式针阀),其结构如图6-26(b)所示。孔式喷油器的特点是燃料雾化质量较好,且球阀式针阀的质量仅为轴针式针阀的一半,故响应速度快;其不足之处是喷孔易堵塞。

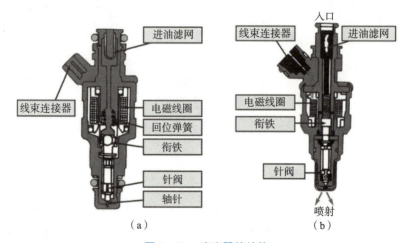

图6-26 喷油器的结构
(a) 轴针式喷油器;(b) 孔式喷油器

④喷油器的控制电路。各型汽车喷油器的控制电路大同小异,其基本控制电路如图6-27所示。

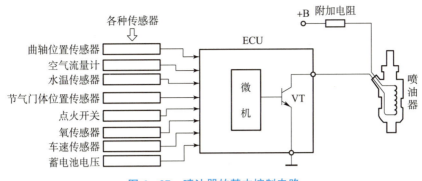

图 6-27 喷油器的基本控制电路

各种传感器信号输入 ECU 后，ECU 根据数学计算和逻辑判断结果，发出脉冲信号指令控制喷油器喷油。当脉冲信号的高电平加到驱动三极管 VT 的基极时，VT 导通，喷油器的电磁线圈电流接通，产生电磁吸力将针阀吸开，喷油器开始喷油；当脉冲信号的低电平加到驱动三极管 VT 的基极时，VT 截止，喷油器的电磁线圈电流切断，在复位弹簧弹力的作用下针阀关闭，喷油器停止喷油。

由此可见，ECU 是通过控制喷油器的搭铁回路来实现对喷油器的控制的。

3）电子控制系统

电子控制系统都由传感器、电子控制单元（Electronic Control Unit，ECU）和执行器 3 部分组成，如图 6-28 所示。传感器的作用是把所测量的信号转化为电信号并传递给 ECU，作为 ECU 的控制依据。ECU 是电子控制系统的核心，ECU 接收传感器的信号之后，对各种信号进行分析，然后根据事先写好的程序自动运算，继而将指令发送到执行元件，命令执行器工作。执行器的作用是根据 ECU 的指令完成具体的操作动作，将控制参量迅速调整到设定的值，使控制对象在设定的状态下工作。

（1）传感器。发动机电控燃油喷射系统中的传感器，主要有进气歧管绝对压力传感器、空气流量计、节气门体位置传感器、油门踏板位置传感器、进气温度传感器、冷却液温度传感器、凸轮轴/曲轴位置传感器、氧传感器以及信号开关等。

① 进气歧管绝对压力传感器。

a. 进气歧管绝对压力传感器的作用。进气歧管绝对压力传感器用于 D 型的发动机进气系统中，它的作用是根据发动机的负荷状态测出进气歧管内绝对压力的变化，并转换成电压信号，与转速信号一起输送到 ECU，作为燃油喷射和点火控制的主控信号。图 6-29 所示为捷达轿车的进气歧管绝对压力传感器。

b. 进气歧管绝对压力传感器的安装位置。进气歧管绝对压力传感器的安装位置比较灵活，位于节气门体的后方，有的车型通过真空软管与进气总管连接；有的车型则将进气歧管绝对压力传感器直接安装在进气总管上。图 6-30 所示为捷达轿车的进气歧管绝对压力传感器的安装位置。

c. 进气歧管绝对压力传感器的分类。进气歧管绝对压力传感器按工作原理可分为压阻效应式、电容式和电感式 3 种。其中，压阻效应式进气歧管绝对压力传感器具有灵敏度高、尺寸小、成本低、动态响应和抗振性好的优点，从而得到了广泛的应用。

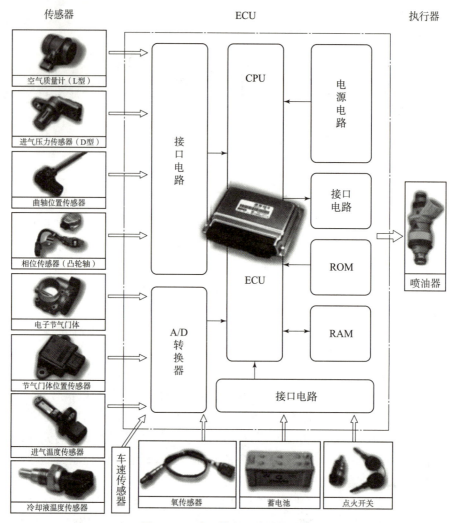

图 6－28　电子控制系统结构示意

图 6－29　捷达轿车的进气歧管绝对压力传感器

图 6－30　捷达轿车的进气歧管绝对压力传感器的安装位置

Ⅰ．压阻效应式进气歧管绝对压力传感器的结构。单晶硅材料在受到应力作用后，其电阻率发生明显变化的现象称为压阻效应。压阻效应式进气歧管绝对压力传感器的结构如图 6－31 所示，其主要由真空室、硅膜片和 IC 集成放大电路组成。

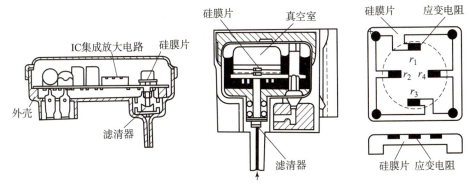

图 6-31 压阻效应式进气歧管绝对压力传感器的结构

压力转换元件是利用半导体压阻效应制成的硅膜片,硅膜片是边长为 3 mm 的正方形,其中部采用光刻腐蚀的方法制成一个直径为 2 mm、厚约 50 μm 的薄膜片;在薄膜片上,采用集成电路加工技术和台面扩散层技术加工出 4 个阻值相等的应变电阻片,这 4 个应变电阻片连接成惠斯通桥形电路。硅膜片的一侧是真空室,另一侧导入进气歧管压力。

Ⅱ. 压阻效应式进气歧管绝对压力传感器的工作原理。压阻效应式进气歧管绝对压力传感器的等效电路如图 6-32 所示。

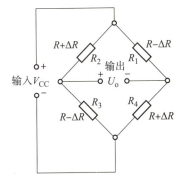

图 6-32 压阻效应式进气歧管绝对压力传感器的等效电路

当接通点火开关时,惠斯通桥形电路便加上电源电压 V_{CC}。发动机不工作时,惠斯通桥形电路中的 4 个应变电阻片的电阻值相等,电桥平衡,电桥输出电压 U_o 为零。当发动机工作时,硅膜片在进气歧管压力作用下产生机械应变,进而产生应力,应变电阻片的阻值在硅膜片应力的作用下发生变化,惠斯通电桥失去平衡,在电桥的输出端即得到输出电压 U_o。

通过特殊加工,可使 4 个应变电阻片处于特殊位置,即在硅膜片应力的作用下,应变电阻 R_2、R_4 的阻值增加 ΔR,应变电阻 R_1、R_3 的阻值减小 ΔR,当惠斯通桥形电路的电源电压为 V_{CC} 时,电桥的输出电压 U_o 为

$$\begin{aligned} U_o &= U_{R_2} - U_{R_1} \\ &= (R+\Delta R)V_{CC}/[(R+\Delta R)+(R-\Delta R)] - \\ &\quad (R-\Delta R)V_{CC}/[(R+\Delta R)+(R-\Delta R)] \\ &= U_{CC}(\Delta R/R) \end{aligned}$$

式中,R——应变电阻的初始值;

ΔR——应变电阻的阻值变化量。

Ⅲ. 压阻效应式进气歧管绝对压力传感器的输出特性。由压阻效应式进气歧管绝对压力传感器的工作原理可知,该传感器的输出特性为:发动机进气量越大,进气歧管内绝对压力越大,硅膜片变形越大,输出的信号电压 U_o 值越大,如图 6-33 所示。

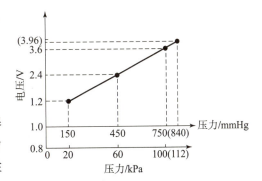

图 6-33 压阻效应式进气歧管绝对压力传感器的输出特性

②空气流量计。

a. 空气流量计的作用。空气流量计如图6-34所示,它的作用是对进入气缸的空气量进行直接计量,并把空气流量的信息输送到ECU。电控汽油喷射发动机为了在各种运转工况下都能获得最佳浓度的混合气,必须正确地测定每一瞬间吸入发动机的空气量,以此作为ECU计算(控制)喷油量的主要依据。如果空气流量计出现故障,ECU得不到正确的进气量信号,就不能正常地进行喷油量的控制,将造成混合气过浓或过稀,使发动机运转不正常。

b. 空气流量计的安装位置。空气流量计用在L型的发动机进气系统中,安装在空气滤清器与节气门体之间,如图6-35所示,提供电控燃油喷射系统的主控信号。

图6-34 空气流量计

图6-35 空气流量计的安装位置

c. 空气流量计的分类。在L型电控汽油喷射发动机的发展历程中,使用过翼片式、卡门旋涡式和热式空气等多种形式的流量计。其中,翼片式和卡门旋涡式空气流量计检测的是空气的体积流量,需要对进气温度和大气压力作修正,目前已被淘汰。现在应用较多的是热式空气流量计,其可以直接检测空气的质量流量,且测量精度较高。

d. 热式空气流量计的结构、工作原理及输出特性。热式空气流量计的主要元件是热线电阻,可分为热线式和热膜式两种类型,其结构和工作原理基本相同。

Ⅰ. 热线式空气流量计。热线式空气流量计根据热线电阻安装位置的不同,又可分为主流量测量式(如图6-36所示)和旁通流量测量式(如图6-37所示)两种结构形式。

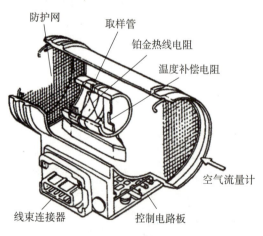

图6-36 主流量测量式热线式空气流量计

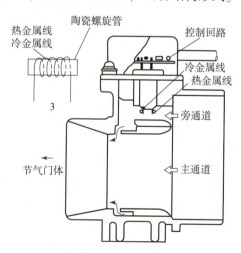

图6-37 旁通流量测量式热线式空气流量计

ⅰ. 热线式空气流量计的结构。主流量测量式热线式空气流量计应用较广，其结构如图 6 - 38 所示。其由感知空气流量的铂金热线电阻 R_H（热丝）、根据进气温度进行修正的温度补偿电阻 R_K（冷丝）、控制热线电流并产生输出信号的控制电路板、线束连接器等组成。

热线式空气流量计的取样管置于主通道中，两端有防护网以防止脏物进入。取样管由两个塑料护套和一个热线支承环构成，一根直径约 70 μm 的铂金属热丝作为发热元件布置在支承环内，传感器工作时，铂金属热丝被控制电路提供的电流加热到高于进气温度100 ℃，故将它称之为热线电阻或热丝，其电阻值随温度变化而变化，是惠斯通电桥电路的一个臂。热线支承环前端的塑料护套内安装有一个薄膜电阻，其电阻值也随进气温度的变化而变化，由于它靠近进气口一侧，因此称为冷丝或温度补偿电阻，该温度补偿电阻相当于一个温度传感器，起到温度参考基准的作用，它是惠斯通电桥电路的另一个臂。热线支承环后端的塑料护套上黏结着一只精密电阻 R_A，它也是惠斯通电桥电路的一个臂，该电阻上的电压降即热线式空气流量计的输出信号。惠斯通电桥电路还有一个臂的电阻 R_B 安装在控制电路板上。控制电路板安装在热线式空气流量计的下方，通过线束连接器将空气流量计的信号传给 ECU。

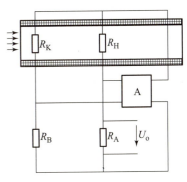

图 6 - 38 主流量测量式
热线式空气流量计的结构

A—混合集成电路；R_H—铂金热线电阻；
R_K—温度补偿电阻；R_A—精密电阻；
R_B—电桥电阻

ⅱ. 热线式空气流量计的工作原理。热线式空气流量计是利用空气流过热线时的冷却效应制成的。

铂金热线电阻和其他几个电阻组成惠斯通电桥电路。在传感器工作时，铂金热线电阻被控制电路提供的电流加热到高于进气温度 100 ℃，此时惠斯通电桥处于平衡状态。进气时，气流带走了热丝上的热量使热丝变冷，热丝的电阻值随即降低，电桥平衡被破坏；控制电路加大通过热丝的电流，使热丝升温以恢复其原有的电阻值，使电桥重新平衡。进气量越大，热丝被带走的热量就越多，控制电路的补偿电流也就越大，这样就把空气流量的变化转换为电流的变化。电流的变化又使固定电阻 R_A 两端的电压发生变化，此变化的电压就是热线式空气流量计的输出信号。控制电路把这一根据空气质量流量变化的电压信号输入 ECU。

铂金热线电阻长时间暴露在进气中，会因空气中灰尘的附着而影响测量精度，需增加自洁净功能；关闭点火开关时，ECU 向空气流量计发出一个信号，控制电路立即给铂金热线电阻提供较大的电流，使热丝瞬时升温至 1 000 ℃ 左右，把附着在热丝上的杂质烧掉。自洁净功能的持续时间为 1 ~ 2 s。

ⅲ. 热线式空气流量计的输出特性。由热线式空气流量计的工作原理可知，该空气流量计的输出特性为：随着发动机进气量的增大，其输出的信号电压升高，如图 6 - 39 所示。

Ⅱ. 热膜式空气流量计。热膜式空气流量计是热线式空气流量计的改进产品，其结构及工作原理与热线式空气流量计基本相同，只是将铂金热线电阻改为平面形铂金属膜电阻，简称热膜。

热膜式空气流量计的结构如图 6 - 40 所示。

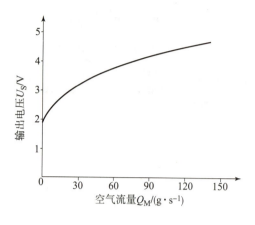

图 6-39　热线式空气流量计的输出特性　　图 6-40　热膜式空气流量计的结构

热膜式空气流量计的制作过程：先在氧化铝陶瓷基片上采用蒸发工艺淀积铂金属薄膜，然后通过光刻工艺制成梳状电阻，将电阻值调节到规定的阻值后，再在铂金属薄膜表面覆盖一层保护膜，最后引出电极引线。

热膜设置在进气通道上的一个矩形护套（相当于取样管）内，在护套的空气入口一侧设有空气滤网，以过滤空气中的污物，防止其沉积到热膜上而影响测量精度。热膜式空气流量计中温度传感器的作用是温度补偿，相当于温度补偿电阻。

热膜式空气流量计测量精度高、响应速度快、进气阻力小，而且工作可靠、耐用，不会因黏附污物而影响测量精度。

热膜式空气流量计的工作原理及输出特性与热线式空气流量计是一样的。

③节气门体位置传感器。

a. 节气门体位置传感器的作用。节气门位置传感器的作用是把发动机运转过程中节气门体的位置及开度的变化转换成电信号输入发动机 ECU，以进行燃油喷射控制及其他辅助控制。

b. 节气门体位置传感器的安装位置。节气门体位置传感器安装在节气门体上节气门轴的一端，通过节气门轴带动其内部的电刷、触点转动，从而把节气门体的开度转化为电信号输出，如图 6-41 所示。

图 6-41　节气门体位置传感器的安装位置

c. 节气门体位置传感器的分类。常见的节气门体位置传感器有触点开关式、线性电位计式和综合式 3 种类型。

d. 节气门体位置传感器的结构、工作原理及输出特性。

Ⅰ. 触点开关式节气门体位置传感器。

ⅰ. 触点开关式节气门体位置传感器的结构。

如图 6-42 所示，触点开关式节气门体位置传感器由一个与节气门轴联动的凸轮、一个活动触点、两个固定触点——怠速触点（IDL）和全负荷触点（PSW）等组成。凸轮控制触点的开启和闭合。

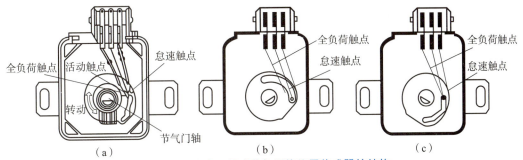

图 6-42　触点开关式节气门体位置传感器的结构
（a）结构示意；（b）怠速状态；（c）大负荷状态

ⅱ. 触点开关式节气门体位置传感器的工作原理。节气门体转动时，活动触点随节气门体一起转动。当节气门体处于全关闭位置时，活动触点与怠速触点接通，即怠速触点闭合，ECU 即判定发动机处于怠速工况，从而按怠速工况的要求控制喷油和点火；当节气门体接近全开时，活动触点与全负荷触点接通，即全负荷触点闭合，ECU 进行全负荷加浓控制；当节气门体在中间位置时，活动触点与两固定触点均断开，ECU 判定发动机处于部分负荷工况。

ⅲ. 触点开关式节气门体位置传感器的输出特性。触点开关式节气门体位置传感器的输出特性如图 6-43 所示，ECU 根据触点的闭合情况确定发动机工况。当节气门体关闭时，怠速触点闭合、大负荷触点断开，怠速触点输出端子输出的信号为低电平 "0"，大负荷触点输出端子输出的信号为高电平 "1"。ECU 接收到节气门位置传感器输入的这两个信号时，如果车速传感器输入 ECU 的信号表示车速为零，那么 ECU 判定发动机处于怠速状态，并控制喷油器增加喷油量，保证发动机怠速转速稳定而不致熄火。如果此时车速传感器输入 ECU 的信号表示车速不为零，那么 ECU 判定发动机处于减速状态，并控制喷油器停止喷油，以降低排放和提高经济性。

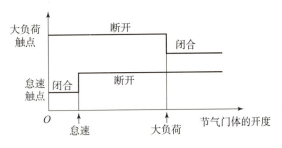

图 6-43　触点开关式节气门体位置
传感器的输出特性

Ⅱ. 线性电位计式节气门体位置传感器。

ⅰ. 线性电位计式节气门体位置传感器的结构。线性电位计式节气门体位置传感器的结构如图 6-44 所示。传感器内部装有滑动电阻，滑动电阻的滑臂与节气门轴一同转动。

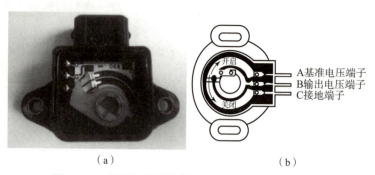

图 6-44 线性电位计式节气门体位置传感器的结构

(a) 实物图；(b) 示意图

ⅱ. 线性电位计式节气门体位置传感器的工作原理。当节气门体打开时，滑臂随节气门轴转动的同时在滑动电阻上滑动，将节气门体开度的变化转变为电阻的变化，进而以电压方式输出，可以获得节气门体从全闭到全开的连续变化的信号，从而精确地判断发动机的运行工况，如图 6-45 所示。

ⅲ. 线性电位计式节气门体位置传感器的输出特性。由线性电位计式节气门体位置传感器的工作原理可知，随着节气门体开度的增大，输出电压升高，其输出特性如图 6-46 所示。

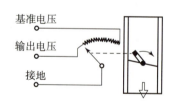

图 6-45 线性电位计式节气门体位置传感器的工作原理

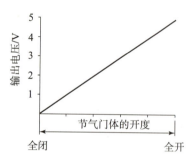

图 6-46 线性电位计式节气门体位置传感器的输出特性

Ⅲ. 综合式节气门体位置传感器。

ⅰ. 综合式节气门体位置传感器的结构。综合式节气门体位置传感器是在线性电位计式节气门体位置传感器的基础上加装了一个急速触点，如图 6-47 所示。

ⅱ. 综合式节气门体位置传感器的工作原理。急速时，急速触点闭合，输出急速工况信号，在其他工况下，随节气门体开度的变化，电位计的电阻也变化，从而将节气门体开度转变为电压信号输送给 ECU。

ⅲ. 综合式节气门体位置传感器的输出特性。综

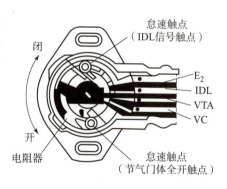

图 6-47 综合式节气门体位置传感器的结构

合式节气门体位置传感器的输出特性如图6-48所示。当节气门体关闭或开度小于1.2°时，怠速触点闭合，其输出端"IDL"输出低电压（0 V）；当节气门体的开度大于1.2°时，怠速触点断开，输出端"IDL"输出高电压（5 V或12 V）。

当节气门体的开度变化时，可变电阻的滑臂便随节气门轴转动，滑臂上的触点在滑动电阻上滑动，传感器输出端子"VTA"与"E_2"之间的信号电压随之发生变化，节气门体的开度越大，输出的信号电压越大。

④油门踏板位置传感器。

a. 油门踏板位置传感器的作用。电子节气门体控制系统相对于传统拉线式节气门体控制系统最大的区别就是，驾驶人不能通过驾驶室内的加速踏板直接控制节气门体动作。当驾驶人踩踏驾驶室内的油门踏板时，踏板的位置信息将通过油门踏板位置传感器传递给ECU，ECU再根据接收到的油门踏板位置信息给节气门体控制电动机发出指令，由节气门体控制电动机带动节气门体转过一定的角度，同时节气门体实际转过的角度通过节气门体位置传感器反馈给ECU，如图6-49所示。

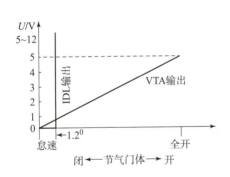

图6-48 综合式节气门体位置传感器的输出特性

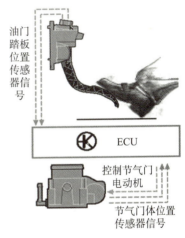

图6-49 电子节气门体控制系统的工作原理

需要注意的是，ECU不是只根据油门踏板位置传感器传递的信息来控制节气门体的开度，还可以根据安全、燃油消耗、其他系统动力需求、发动机排放等情况，独立于加速踏板位置主动对节气门体进行控制。

b. 油门踏板位置传感器的安装位置。加速踏板位置传感器安装于驾驶室内的加速踏板模块中，如图6-50所示，由其感知并检测加速踏板的位置信息并转变为电信息传递给发动机控制单元。

c. 油门踏板位置传感器的分类。根据结构原理的不同，油门踏板位置传感器主要分为接触式和非接触式两种。

图6-50 油门踏板位置传感器的安装位置

d. 油门踏板位置传感器的结构、工作原理及输出特性。

Ⅰ. 接触式油门踏板位置传感器的结构。大众车系较多采用接触式油门踏板位置传感器。为了最大限度地保证信号的可靠性,在油门踏板模块处往往装设两个油门踏板位置传感器,大众车系将两个油门踏板位置传感器命名为 G79 和 G185,技术上称为"冗余系统"。ECU 通过这两个油门踏板位置传感器提供的信号识别出油门踏板当前的位置。

如图 6-51 所示,在大众车系的接触式油门踏板位置传感器中,两个传感器是滑动触点传感器,安装在同一根轴上,滑动触点传感器的电阻和传送至 ECU 的电压随着油门踏板位置的变化而变化。

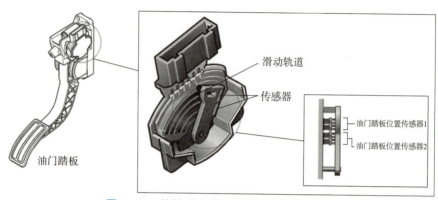

图 6-51 接触式油门踏板位置传感器的结构

Ⅱ. 接触式油门踏板位置传感器的工作原理。图 6-52 所示为接触式油门踏板位置传感器与 ECU 连接的电路,滑动触点传感器上的起始电压均为 5 V,出于信号的可靠性和安全性考虑,每个传感器都有独立的电源(图中红线所示)、搭铁(图中棕线所示)和信号线(图中绿线所示)。输出信号为电压信号,在相应数据块中显示为百分数,5 V 为 100%。两个传感器的数据分别显示在发动机系统数据 062 组的 3、4 通道上。

Ⅲ. 接触式油门踏板位置传感器的输出特性。接触式油门踏板位置传感器的输出特性如图 6-53 所示。为了信号的可靠性和功能自测试的需要,在 G185 上另安装有串联电阻(如图 6-52 中 R 所示),因此两个油门踏板位置传感器的电阻特性是不同的。在工作时,电阻特性的不同带来的是两个传感器输出特性的不同,G79 输出信号为 G185 的 2 倍,G79 范围为 12%~97%,G185 范围为 4%~49%。

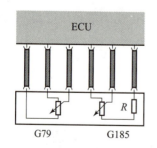

图 6-52 接触式油门踏板位置传感器与 ECU 连接的电路

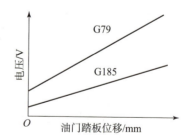

图 6-53 接触式油门踏板位置传感器的输出特性

⑤进气温度传感器。

a. 进气温度传感器的作用。汽油机电控系统对混合气浓度的控制,是通过控制空燃比来实现的。除热式空气流量计能直接测量发动机实际进气的质量流量外,其他空气流量计或进气管绝对压力传感器都只能直接或间接测量发动机实际进气的体积流量。发动机进气的体积流量一定时，其质量流量取决于进气温度。进气温度传感器的作用就是给 ECU 提供进气温度信号，作为喷油控制和点火控制的修正信号。

b. 进气温度传感器的安装位置。进气温度传感器一般安装在空气滤清器内、空气流量计（翼片式和卡门旋涡式）内或进气管上，如图 6-54 所示。

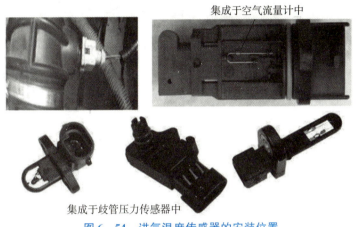

图 6-54　进气温度传感器的安装位置

c. 进气温度传感器的结构、工作原理和输出特性。进气温度传感器通常采用负温度系数的热敏电阻作为测量元件，该热敏电阻安装在传感器壳体内，如图 6-55（a）所示。进气温度变化时，热敏电阻的阻值发生变化，随着进气温度升高，阻值减小，进气温度传感器的输出特性如图 6-55（b）所示。

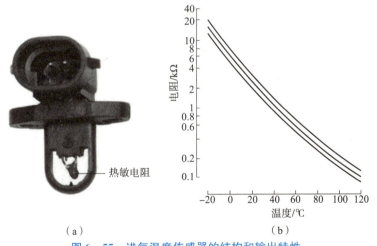

图 6-55　进气温度传感器的结构和输出特性
(a) 结构；(b) 输出特性

⑥冷却液温度传感器。

a. 冷却液温度传感器的作用。冷却液温度传感器的作用是给 ECU 提供发动机冷却液温度信号，作为喷油和点火控制的修正信号，也作为其他控制系统（如 EGR 等）的控制信号。

b. 冷却液温度传感器的安装位置。冷却液温度传感器在发动机中不止一个，通常安装在发动机缸体或缸盖的水道上、膨胀水箱上以及散热器进、出水管等位置，并与冷却液接触，如图6-56所示。

图6-56 冷却液温度传感器的安装位置
(a) 安装在水道中；(b) 安装在膨胀水箱上

c. 冷却液温度传感器的分类。常见的冷却液温度传感器有两线式、三线式和四线式3种，如图6-57所示。

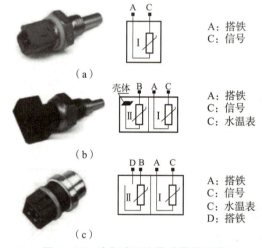

图6-57 冷却液温度传感器的分类
(a) 两线式；(b) 三线式；(c) 四线式

d. 冷却液温度传感器的结构、工作原理和输出特性。冷却液温度传感器的结构、工作原理和输出特性与进气温度传感器基本一致。传感器的内部也是一个具有负温度系数的半导体热敏电阻，如图6-58(a)所示。水温越低，电阻越大；反之，水温越高，电阻越小，如图6-58(b)所示。

⑦凸轮轴/曲轴位置传感器。

a. 凸轮轴/曲轴位置传感器的作用。凸轮轴位置传感器的作用是判别气缸及检测活塞上止点位置，作为燃油喷射控制和点火控制的主控信号。

曲轴位置传感器是发动机电子控制系统中最主要的传感器之一，它的作用是检测曲轴转角位移，给ECU提供发动机转速信号和曲轴转角信号，作为燃油喷射和点火控制的主控信号。

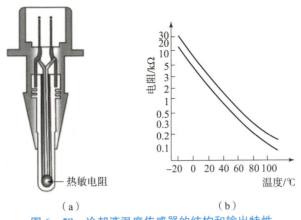

图 6-58 冷却液温度传感器的结构和输出特性

(a) 结构；(b) 输出特性

b. 凸轮轴/曲轴位置传感器的安装位置。

凸轮轴/曲轴位置传感器在各车型中的安装位置不尽相同，但都必须安装在与凸轮轴/曲轴有精确传动关系的位置。通常安装在分电器内或分别安装于凸轮轴和曲轴的一端。图 6-59 所示为凸轮轴位置传感器的安装位置；图 6-60 所示为曲轴位置传感器的安装位置。

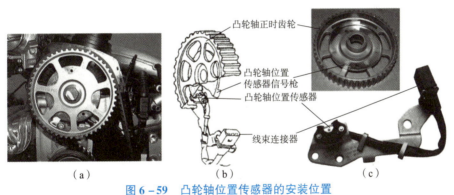

图 6-59 凸轮轴位置传感器的安装位置

(a) 安装图；(b) 示意图；(c) 实物图

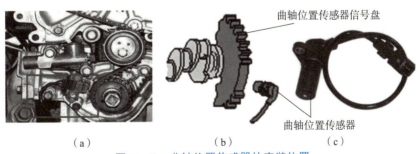

图 6-60 曲轴位置传感器的安装位置

(a) 安装图；(b) 示意图；(c) 实物图

c. 凸轮轴/曲轴位置传感器的分类。常见的凸轮轴/曲轴位置传感器主要有电磁式、霍尔式和光电式 3 种类型。

d. 凸轮轴/曲轴位置传感器的结构、工作原理及输出特性。

Ⅰ. 电磁式凸轮轴/曲轴位置传感器。

ⅰ. 电磁式凸轮轴/曲轴位置传感器的结构。电磁式凸轮轴/曲轴位置传感器是利用电磁感应原理制成的。其主要由信号盘和传感器两部分组成，其中传感器由安装支架、传感器外壳、屏蔽电缆、永久磁铁、铁芯、感应线圈等组成，如图 6-61 所示。

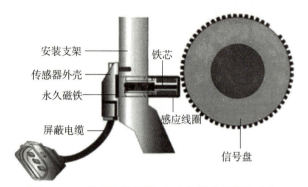

图 6-61 电磁式凸轮轴/曲轴位置传感器的结构

ⅱ. 电磁式凸轮轴/曲轴位置传感器的工作原理。信号盘通常安装在凸轮轴、曲轴或者分电器轴上，并随之转动，信号盘上均匀制有若干凸齿和齿槽，信号盘的形状决定了信号波形。如图 6-62 所示，信号盘和传感器永久磁铁之间安装时留有一个小于 2 mm 的空气间隙，此间隙不可过大或过小，间隙过大会导致信号较弱，间隙过小容易发生信号盘与传感器永久磁铁的碰撞。永久磁铁安装在信号盘边缘，产生永久磁场以穿过信号盘、感应线圈等。感应线圈的作用是，当磁场发生变化时，产生感应电动势并作为信号输出。

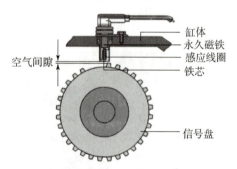

图 6-62 电磁式凸轮轴/曲轴位置传感器的工作原理

发动机运转时信号盘转动，磁路中的空气间隙就会周期性地发生变化，并使感应线圈铁芯内的磁通量随之周期性地变化，如图 6-63 所示。

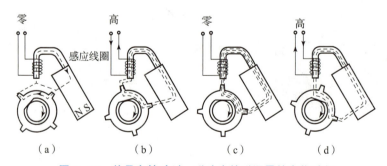

图 6-63 信号盘转动时，磁路中的磁通量的变化过程
(a) 磁通变化（零）；(b) 磁通变化（最大）；(c) 磁通变化（零）；(d) 磁通变化（最大）

ⅲ. 电磁式凸轮轴/曲轴位置传感器的输出特性。当信号盘顺时针方向旋转时，转子凸

齿与铁芯之间的空气间隙减小，磁路磁阻减小，磁通量增大，磁通量变化率增大，感应电动势为正。当转子凸齿接近铁芯芯缘时，磁通量急剧增大，磁通变化率最大，感应电动势最高[如图6-63（b）所示]。转子转过感应电动势最高点后，虽然磁通量仍在增大，但磁通变化率降低，感应电动势降低。

当信号盘转到凸齿中心线与铁芯中心线对齐时，虽然空气间隙最小，磁通量最大，但磁通量不可能继续增加，磁通量的变化率为零，感应电动势为零。

当信号盘沿顺时针方向继续旋转，凸齿离开铁芯时，凸齿与铁芯之间的空气间隙增大，磁路磁阻增大，磁通量减少，磁通量变化率为负，感应电动势为负。转子凸齿离开铁芯边缘时，磁通量急剧减小，磁通变化率达到负向最大值，感应电动势也达到负向最大值。转子继续转动，虽然磁通量仍在减小，但磁通变化率降低，感应电动势升高。

当信号盘转到两个凸齿的中间与铁芯中心线对齐时，虽然空气间隙最大，磁通量最小，但磁通量不可能继续减小，磁通量的变化率为零，感应电动势为零。

信号盘每转过一个凸齿，感应线圈中就会产生一个周期的交变电动势，即电动势出现一次最大值和一次最小值，感应线圈也就相应地输出一个交变电压信号。

电磁式凸轮轴/曲轴位置传感器的输出特性如图6-64所示。

Ⅱ．霍尔式凸轮轴/曲轴位置传感器。霍尔式凸轮轴/曲轴位置传感器是利用霍尔效应制成的传感器。

ⅰ．霍尔式凸轮轴/曲轴位置传感器的结构。霍尔式凸轮轴/曲轴位置传感器的结构如图6-65所示，由触发叶轮、霍尔集成电路、带导板的永久磁铁、底板和线束连接器等组成。其一般安装在分电器内或凸轮轴/曲轴前端。

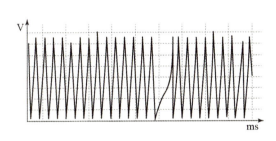

图6-64 电磁式凸轮轴/曲轴位置传感器的输出特性

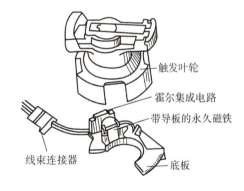

图6-65 霍尔式凸轮轴/曲轴位置传感器的结构

ⅱ．霍尔式凸轮轴/曲轴位置传感器的工作原理。霍尔式凸轮轴/曲轴位置传感器的工作原理如图6-66所示。如图6-66（a）所示，触发叶轮旋转时，每当叶片进入永久磁铁与霍尔集成块（内置霍尔元件）之间的空气间隙内时，磁场便被触发叶轮的叶片所旁通，或称隔磁，而不能作用于霍尔元件，因此不产生霍尔电压，即无霍尔电压输出。如图6-66（b）所示，当触发叶轮的叶片离开永久磁铁与霍尔元件间的空气间隙时，永久磁铁的磁通便通过导板作用于霍尔元件，这时便产生霍尔电压，即有霍尔电压输出。由此可见，触发叶轮每转一周，便产生与叶片数相等个数的霍尔脉冲电压。

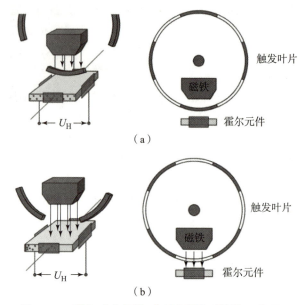

图 6-66　霍尔式凸轮轴/曲轴位置传感器的工作原理
(a) 触发叶片进入空气间隙内；(b) 触发叶片离开空气间隙

ⅲ. 霍尔式凸轮轴/曲轴位置传感器的输出特性。由于霍尔电压较低（mV级），因此，首先要把信号电压放大并转换为矩形脉冲，这一任务由霍尔集成电路来完成。当霍尔电压为零时，霍尔集成电路使霍尔信号发生器的输出电压急剧上升至数伏，而当产生霍尔电压时，霍尔信号发生器的输出电压降至 0.4~0.5 V，经霍尔集成电路处理后，输出整齐的方波脉冲 U_s，如图 6-67 所示。

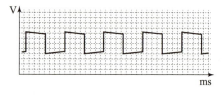

图 6-67　霍尔式凸轮轴/曲轴位置传感器的输出特性

Ⅲ. 光电式凸轮轴/曲轴位置传感器。

ⅰ. 光电式凸轮轴/曲轴位置传感器的结构。光电式凸轮轴/曲轴位置传感器利用光电感应原理制成。图 6-68 所示为日产公司车辆的光电式凸轮轴/曲轴位置传感器。其设置在分电器内，由发光二极管、光敏三极管、带缝隙和光孔的信号盘、电子电路等组成。

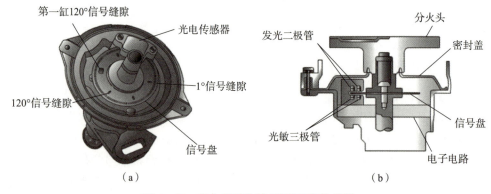

图 6-68　光电式凸轮轴/曲轴位置传感器
(a) 实物；(b) 结构示意

ii. 光电式凸轮轴/曲轴位置传感器的工作原理。如图 6-69 所示，信号盘安装在分电器轴上，其外围有 360 条相距 0.5°的缝隙，产生 1°（曲轴转角）信号；外围稍靠内侧均匀分布着 6（4 缸发动机为 4 个）个光孔，产生 120°（凸轮轴位置）信号。其中有一个较宽的光孔是产生对应第 1 缸上止点的 120°信号。当发光二极管的光束照射到光敏三极管上时，光敏三极管感光而导通；当发光二极管的光束被遮挡时，光敏三极管截止。

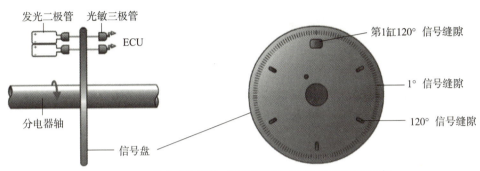

图 6-69　光电式凸轮轴/曲轴位置传感器的工作原理示意

iii. 光电式凸轮轴/曲轴位置传感器的输出特性。

信号发生器输出的脉冲电压信号送至电子电路放大整形后，即向电控单元输送曲轴转角 1°信号和 120°信号。因信号发生器安装位置的关系，120°信号在活塞上止点前 70°输出。发动机曲轴每转 2 圈，分电器轴转 1 圈，则 1°信号发生器输出 360 个脉冲，每个脉冲周期高电位对应 1°，低电位也对应 1°，共表征曲轴转角 720°。与此同时，120°信号发生器共产生 6 个脉冲信号。

光电式凸轮轴/曲轴位置传感器的输出特性如图 6-70 所示。

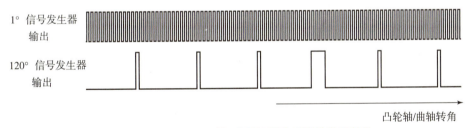

图 6-70　光电式凸轮轴/曲轴位置传感器的输出特性

⑧氧传感器。

a. 氧传感器的作用。氧传感器的作用是通过监测排气中的氧含量来获得混合气的实际空燃比信号，将该信号转变为电信号并输入 ECU。ECU 根据氧传感器信号，对喷油时间进行修正，实现空燃比反馈控制，将 A/F 控制在 14.7，降低排放，节约燃油。

b. 氧传感器的安装位置。氧传感器安装在发动机排气管上，如图 6-71 所示。有些发动机只在三元催化转换器前面安装氧传感器，起到监测排气中的氧含量来获得混合气的实际空燃比信号的作用，如图 6-71（a）所示；有些发动机采用了两个氧传感器，即在三元催化转换器前、后各安装一个，如图 6-71（b）所示，后氧传感器主要起到监控三元催化转换器工作情况的作用。

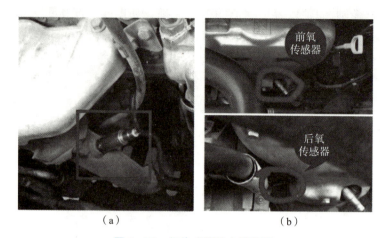

图 6-71 氧传感器的安装位置

(a) 一个氧传感器的安装位置；(b) 两个氧传感器的安装位置

c. 氧传感器的分类。氧传感器有氧化锆（ZrO_2）式和氧化钛（TiO_2）式两种类型。

d. 氧传感器的结构、工作原理及输出特性。

Ⅰ. 氧化锆式氧传感器。氧化锆式氧传感器是一个化学电池，又称氧浓度差电池。

温度较高（400 ℃以上）时，氧气发生电离。只要二氧化锆元件内、外表面存在氧浓度差，氧离子就产生扩散，使锆管成为一个微电池，在两铂极间产生电压。这个电压作为输出信号送给ECU，就能感知废气中的氧浓度，获知空燃比。

ⅰ. 氧化锆式氧传感器的结构。氧化锆式氧传感器的结构如图 6-72 所示，主要由氧化锆管和电极等组成。

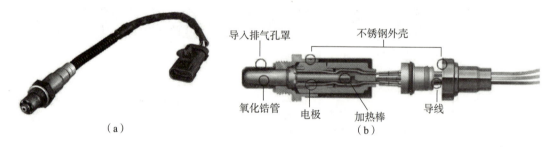

图 6-72 氧化锆式氧传感器的结构

(a) 实物图；(b) 结构示意

氧化锆式氧传感器内部的敏感元件是二氧化锆（ZrO_2）固体电解质。在二氧化锆固体电解质粉末中加入少量添加剂并烧制成管状，称为氧化锆管。紧贴氧化锆管内、外表面的是作为氧化锆管内、外电极的铂膜，内、外电极通过电极引线与传感器的线束插接器相连。氧化锆管内电极与外界大气相通，外电极与排气管内的排气相通。为防止发动机排出的废气腐蚀外层铂电极，在电极表面覆盖着一层多孔性陶瓷层。

作为氧化锆管外电极的金属铂的另一个作用是催化作用，使废气中的氧气与CO反应，这就减少了废气中的含氧量，提高了传感器的灵敏度。

ⅱ. 氧化锆式氧传感器的工作原理。发动机运转时，排气管内的废气从氧化锆管外电极表面的陶瓷层渗入，与外电极接触，内电极与大气接触。因此在氧化锆管内、外侧存在氧浓度差，使氧化锆电解质内部的氧离子开始向外电极扩散，扩散的结果是在内、外电极之间产生电位差，形成一个微电池，在两铂极间产生电压，如图 6-73 所示。

由于氧化锆管外侧的氧离子随可燃混合气浓度的变化而变化，所以当氧离子在氧化锆管中扩散时，氧化锆管内、外表面之间的电位差也随可燃混合气浓度的变化而变化，传感器的信号源相当于一个可变电源。

ⅲ. 氧化锆式氧传感器的输出特性。氧化锆式氧传感器的输出特性如图 6-74 所示。当供给发动机的可燃混合气较浓时，排气中氧的含量较低，一氧化碳的含量相对较高。在锆管外电极铂膜的催化作用下，排气中的氧气几乎全部参加反应，生成了二氧化碳，使锆管外表面上氧离子浓度几乎为零；而锆管的内表面与大气相通，氧离子浓度很大，锆管内、外两侧氧浓度差也很大，因此在内、外电极之间产生了较大的电压信号（约 0.9 V）。

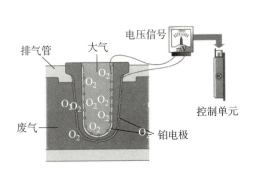

图 6-73　氧化锆式氧传感器的工作原理　　图 6-74　氧化锆式氧传感器的输出特性

当供给发动机的混合气较稀时，排气中氧含量较高，一氧化碳含量相对较低，即使一氧化碳全部与氧离子反应，氧化锆管外表面还是有多余的氧离子存在，氧化锆管内、外两侧氧浓度差小，因此在内、外电极之间只产生较小的电压信号（约 0.1 V）。

当空燃比接近理论空燃比 14.7 时，排气中的氧和一氧化碳含量都很少，在催化剂铂的作用下，氧离子与一氧化碳的化学反应从缺氧状态急剧变化为富氧状态。由于氧离子的浓度差急剧变化，因此铂电极之间的电位差也急剧变化，使氧传感器输出的电压从 0.9 V 急剧变化到 0.1 V。氧传感器的输出电压在理论空燃比附近发生突变。

如果没有外电极铂的催化作用，使氧化锆管外侧的氧离子急剧减少到零，那么在浓混合气时就不会有接近 0.9 V 的高电压信号，传感器的输出信号也不会在混合气由浓变稀时出现跃变现象，这正是使用铂电极的另一个重要因素。

氧化锆式氧传感器的工作状态与温度有关，在温度低于 300 ℃ 时无信号输出，而在 300 ℃ ~ 800 ℃ 温度范围内最敏感，输出信号最强。虽然可利用排气热量对其进行加热，但其工作温度不稳定，而且发动机起动数分钟后才能达到正常工作温度。因此目前大部分氧化锆式氧传感器内都增设了陶瓷式电热元件，由汽车电源进行加热，可在发动机起动后 20 ~ 30 s 内迅速将氧传感器加热到工作温度。

Ⅱ. 氧化钛式氧传感器。这是一种电阻型气敏传感器。其是利用化学反应强、对氧气敏感、易于还原的半导体材料氧化钛与氧气接触时发生氧化还原反应，使晶格结构发生变化，从而导致电阻值变化的原理工作的。

ⅰ. 氧化钛式氧传感器的结构。氧化钛式氧传感器的结构如图 6-75 所示，主要由二氧化钛传感元件、壳体、加热元件、电极引线等组成。

二氧化钛具有的性质：其电阻值随废气中的氧浓度改变，而且在理论空燃比 $A/F = 14.7$ 时产生突变。纯二氧化钛在常温下是一种高电阻的半导体，但表面一旦缺氧，其晶格便出现缺陷，电阻随之减小。

当混合气稀时，排气中的氧含量高，二氧化钛呈现高阻状态；反之，当混合气浓时，排气中的氧含量低，二氧化钛呈现低阻状态。

利用适当电路对电阻变量进行处理，即可转换成电压信号输送给 ECU，用来确定实际的空燃比。

由于二氧化钛的电阻也随温度的不同而不同，因此在二氧化钛氧传感器内部也有一个电加热器，以保持氧化钛式氧传感器在发动机工作过程中温度恒定不变。

ⅱ. 氧化钛式氧传感器的工作原理。氧化钛式氧传感器的工作原理如图 6-76 所示。ECU 将一个恒定 1 V 的电压加在氧化钛式氧传感器的一端，传感器的另一端与 ECU 相连。当排出的废气中氧浓度随发动机混合气浓度的变化而变化时，氧传感器的电阻随之改变，ECU 的 OX 端子上的电压降也随着变化。当 OX 端子的电压高于参考电压时，ECU 判定混合气过浓；当 OX 端子上的电压低于参考电压时，ECU 判定混合气过稀。通过 ECU 反馈控制，可保持混合气浓度在理论空燃比附近。在实际的反馈控制过程中，氧化钛式氧传感器与 ECU 连接的 OX 端子上的电压也是在 0.1 ~ 0.9 V 范围内不断变化，这一点与氧化锆式氧传感器是相同的。

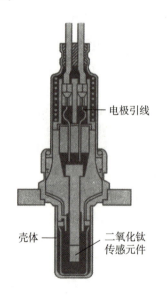

图 6-75　氧化钛式氧传感器的结构

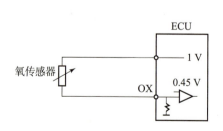

图 6-76　氧化钛式氧传感器的工作电路

ⅲ. 氧化钛式氧传感器的输出特性。氧化钛式氧传感器的输出特性如图 6-77 所示。

⑨信号开关。在发动机控制系统中，ECU 必须根据一些开关信号来确定发动机或其他系统的工作状态，常用的信号开关及其作用如下：

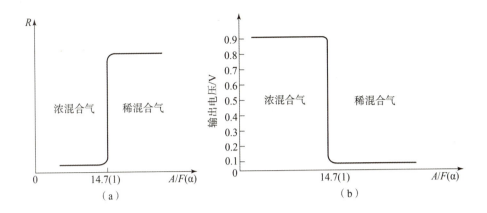

图 6-77 氧化钛式氧传感器的输出特性
(a) 电阻特性；(b) 电压特性

a. 空调开关 A/C：当空调开关打开，空调压缩机工作，发动机负荷加大时，由空调开关向 ECU 输入信号。

b. 挡位开关：自动变速器由空挡挂入其他挡时，向 ECU 输入信号。

c. 起动开关 STA：发动机起动时，给 ECU 提供一个起动信号。

d. 制动灯开关：制动时，向 ECU 提供制动信号。

e. 动力转向开关：当转向盘由中间位置向左、右转动时，由于动力转向油泵工作而使发动机负荷加大，此时向 ECU 输入信号。

f. 巡航控制开关：当进入巡航控制状态时，向 ECU 输入巡航控制状态信号。

随着控制系统功能的扩展，输入信号也将不断增加，控制系统所用的传感器和信号开关的数量必将有所增加。

(2) 电子控制单元（ECU）

①ECU 的作用。ECU 的作用是根据自身存储的程序对发动机各传感器输入的各种信息进行分析、判断、比较、计算，以得出最佳控制方案并向各有关执行元件发出控制指令，控制有关执行器工作，达到自动、快速和准确地控制发动机工作的目的，使发动机在各种工况下都处于最佳的工作状态。

此外，ECU 还具有故障自诊断、故障记忆、失效保护等功能。

②ECU 的组成。ECU 主要由输入回路、A/D 转换器、微型计算机和输出回路组成，如图 6-78 所示，它们一起制作在一个金属盒内，固定在车内不易受到碰撞的部位，如仪表台下面或座椅下面等，具体安装位置因车而异。

a. 输入回路。发动机工作时，各种传感器的信号输入 ECU 后，首先进入输入回路进行处理。传感器输入的信号不同，处理的方法也不同，一般是先将输入信号滤除杂波和将正弦波转变为矩形波后，再转换成输入电平，如图 6-79 所示。

b. A/D 转换器。从传感器送来的信号有模拟信号和数字信号两种，如图 6-80 所示，而微型计算机只能处理数字信号，模拟信号须经过 A/D 转换器转换为数字信号后才能输入微型计算机，如图 6-81 所示。

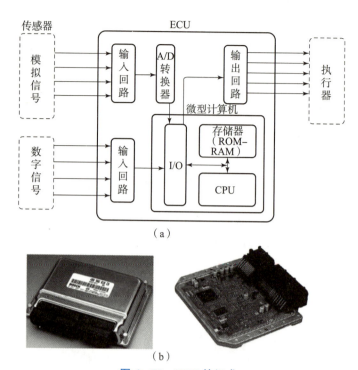

图 6-78 ECU 的组成

（a）组成框图；（b）实物图

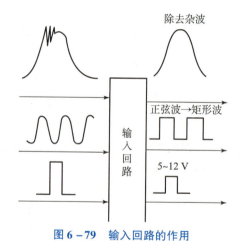

图 6-79 输入回路的作用

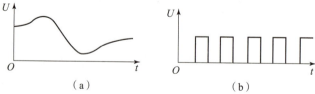

图 6-80 传感器信号的类型

（a）模拟信号；（b）数字信号

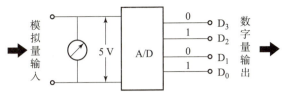

图 6-81　A/D 转换器的工作过程示意

c. 微型计算机。微型计算机把各种传感器送来的信号用内存程序和数据进行运算处理，并把处理结果（如喷油器喷射信号、点火正时信号）送往输出回路。微型计算机主要由中央处理器（CPU）、存储器（ROM、RAM）、输入/输出接口（I/O）和总线组成，如图 6-82 所示。

Ⅰ. 中央处理器。中央处理器主要由进行算术运算和逻辑运算的运算器、暂时存储数据的寄存器、按照程序在各装置之间完成信号传送及控制任务的控制器等组成，其功能是读出命令并执行数据处理任务。

Ⅱ. 存储器。存储器的功能是存储信息资料，包括随机存储器（RAM）和只读存储器（ROM）。

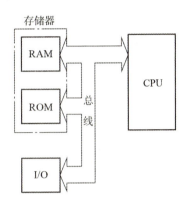

图 6-82　微型计算机的组成

ⅰ. RAM 主要用来暂时存储计算机操作时的可变数据，但当切断电源后如计算机输入、输出数据，计算过程中产生的中间数据、故障代码、自学习修正数据等，RAM 内部的存储信息将丢失。为了防止点火开关关闭后因电源被切断而造成数据丢失，RAM 通过微型计算机后备电源电路与蓄电池相连，使 RAM 不受点火开关的控制。但后备电源电路断开或拆除蓄电池后，存入 RAM 的数据会自然丢失，因此在车辆维修时如需拆除蓄电池，必须先读取并记录微型计算机内所存信息。

ⅱ. ROM 只能读出不能写入，用来存储固定的数据，如电控系统中的一系列控制程序软件、喷油特性脉谱、点火控制特性脉谱以及其他特性数据等。这些信息资料一般都是在制造时由厂家一次性输入，使用中无法改变其内容，断电后数据信息不会丢失。

Ⅲ. 输入/输出接口（I/O）。输入/输出接口是微型计算机与外界进行信息交流的纽带。在控制系统工作时，输入/输出接口根据 CPU 的命令，在 CPU 与输入回路和输出回路之间负责数据传送。

Ⅳ. 总线。总线是微型计算机内部传递信息的电路连线。

在单片机内部，CPU、ROM、RAM 与输入/输出接口之间的信息交换都是通过总线来实现的。

d. 输出回路。微型计算机输出的数字信号电压很弱，不能直接驱动执行元件工作。作为微型计算机与执行元件之间连接桥梁的输出回路，其主要作用是将微型计算机的处理结果放大，生成能控制执行元件工作的指令信号。

输出回路一般采用功率三极管，根据微型计算机的指令通过导通或截止来控制执行元件的搭铁回路。

③电子控制器的工作过程。发动机起动时，某些程序或操作指令从 ROM 中取出并进入 CPU，这些程序可以控制点火时刻、控制燃油喷射、控制怠速等，并通过 CPU 的处理，对这些指令逐个地进行运算。

执行程序过程中所需的发动机信息来自各个传感器。从传感器来的信号首先进入输入回路，对其信号进行处理：数字信号根据 CPU 的安排，经输入/输出接口直接进入微型计算机；模拟信号还要经过 A/D 转换器转换成数字信号后，才能经输入/输出接口进入微型计算机。大多数信息暂时存储在 RAM 内，根据指令再从 RAM 送至 CPU。

下一步是将存储在 ROM 及 PROM 中的参考数据引入 CPU，使传感器输入信息与之进行比较。CPU 对这些信息比较运算后，作出决定并发出输出指令信号，经输入/输出接口（有些信号还经 D/A 转换器转为模拟信号），最后经输出回路控制执行器的动作。

（3）执行器。

①执行器的作用。

执行器的作用是受 ECU 控制并具体执行某项控制功能。

②常用的执行器。在发动机电控系统中，常见的执行元件主要有喷油器、点火器、怠速控制阀、EGR 阀、碳罐电磁阀、油泵继电器、风扇继电器、节气门体控制电机、二次空气喷射阀、空调压缩机继电器、自诊断显示与报警装置、仪表显示器等。

随着控制功能的增加，执行器的类型和数量也必将相应增加。

4）排气系统

排气系统的作用是汇集各气缸的废气，减小排气噪声和消除废气中的火焰和火星，使废气安全地排入大气，并对废气中的有害物质进行排放、控制。

整个排气系统包括排气歧管、氧传感器、三元催化转换器、排气消声器、隔热装置等，如图 6-83 所示。尽管各厂商设计的排气系统结构不尽相同，但基本部件是一致的。

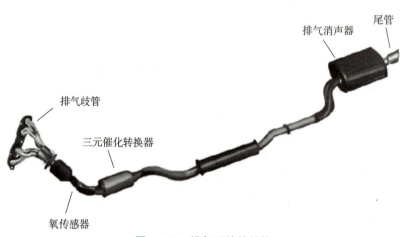

图 6-83　排气系统的结构

（1）排气歧管。排气歧管一般由铸铁铸造，其形状十分重要。为了不使各缸排气互相干扰及不出现排气倒流的现象，并尽可能地利用惯性排气，应该将排气歧管做得尽可能长，且各缸支管相互独立、长度相等。图 6-84 所示为排气歧管。

排气歧管用螺栓固定在气缸体或气缸盖上，在接合面处装有金属片包的石棉衬垫，以防漏气。排气歧管的各个支管分别与各缸排气门的通道相接。

图 6-84　排气歧管

（2）三元催化转换器

①三元催化转换器的作用。三元催化转换器是汽车排气系统中最重要的机外净化装置，一般安装在排气消声器前面。如图 6-85 所示，它可将汽车尾气中的 CO（一氧化碳）、HC（碳氢化合物）和 NO_x（氮氧化合物）等有害气体通过氧化和还原作用转变为无害的 CO_2（二氧化碳）、H_2O（水）和 N_2（氮气）。

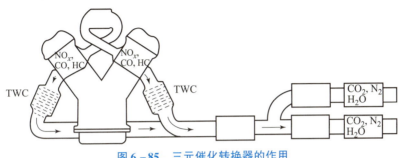

图 6-85 三元催化转换器的作用

由于这种催化转换器可同时将废气中的 3 种主要有害物质转化为无害物质，故称"三元"。三元催化转换器也称触媒转换器。

②三元催化转换器的结构。如图 6-86 所示，三元催化转换器由壳体、减振垫、绝热层、载体和催化剂几部分构成。

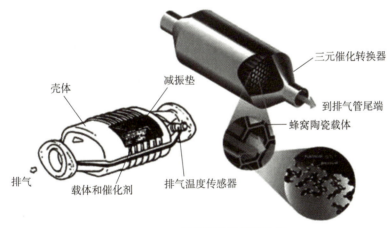

图 6-86 三元催化转换器的结构

③三元催化转换器的工作原理。在正常情况下，废气中的 HC、CO、NO_x 及 O_2 混在一起并加热到 500 ℃ 也不会产生化学反应。但如果这些气体经过催化后，就会转化为无害的 CO_2、H_2O 和 N_2。其化学反应方程式如下：

$$NO_x + CO \longrightarrow N_2 + CO_2$$
$$NO_x + HC \longrightarrow N_2 + CO_2 + H_2O$$
$$CO + O_2 \longrightarrow CO_2$$
$$HC + O_2 \longrightarrow H_2O + CO_2$$

排放物流入三元催化转换器，被吸附在催化剂表面上，吸附物质与气体分子或相邻的被吸附分子进行化学反应，形成低能量的反应产物，这种反应产生的反应产物很容易从表面上脱附，并随排气流排出，进入外部空间。（注：催化剂本身并不参加反应。）

催化剂要在理论空燃比的混合气浓度下,铂促使 HC 和 CO 氧化,而铑同时使 NO_x 还原。因为 NO_x 在三元催化转换器中的还原需要 HC 和 CO 作为还原剂,如果氧过量,即燃用稀混合气时,这些还原剂首先和氧反应,则 NO_x 的还原反应就不能进行。而如果空气不足,即氧浓度不够,HC 和 CO 就不能被完全氧化。因此,为使3种污染物都可以达到很高的净化率,ECU 必须严格控制空燃比在理论空燃比值附近。空燃比与三元催化转换器的转化效率的关系如图 6-87 所示。

在电控汽油喷射式发动机中,为了使三元催化转换器发挥最高的转化效率,采用了氧传感器进行空燃比的反馈控制。

④三元催化转换器的工作条件。

a. 燃油要求:汽油中铅的含量导致三元催化转换器的转换效率严重下降,这也是导致其烧缩、烧结的主要原因之一。对硫、磷等杂质的含量也有要求。

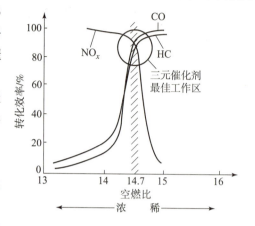

图 6-87 空燃比与转化效率的关系

b. 使用要求:三元催化转换器必须和闭环电喷控制发动机同时使用,才能保持比较高的转换效率,即发动机理论空燃比为 14.7:1。

c. 温度要求:在 350 ℃ ~ 850 ℃ 温度范围,低于或高于正常的工作温度就会导致三元催化转换器的转换效率和使用寿命降低。

(3) 排气消声器。排气消声器的作用是抑制发动机的排气噪声,消除废气中的火焰和火星。

排气消声器的基本原理是:消耗废气流的能量,平衡气流的压力波动。排气消声器有吸收式和反射式两种基本消声方式。在吸收式排气消声器上,通过废气在玻璃纤维、钢纤维和石棉等吸声材料上的摩擦而减小其能量。反射式排气消声器由多个串联的谐振腔与不同长度的多孔反射管相互连接在一起,废气在其中经多次反射、碰撞、膨胀、冷却而压力降低,振动减轻。

目前在汽车上实际使用的排气消声器多数是综合利用不同的消声原理组合而成的。流行的排气消声器由前消声器、中消声器和后消声器以及连接管等组成,并焊接成一个整体,如图 6-88 所示。

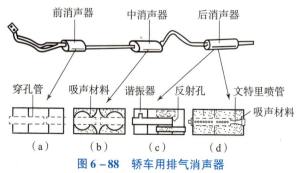

图 6-88 轿车用排气消声器

(a) 前消声器的谐振原理;(b) 中消声器的谐振与吸声原理;
(c) 后消声器的谐振原理;(d) 后消声器的吸声原理

前消声器采用谐振原理,有 3 个大小不同的谐振室,彼此由穿孔管贯通。穿孔管、隔板和断面的突变是谐振室内的基本声学元件,它们作为声源的发射体,彼此间利用声波的相互干涉和在谐振室内传播的声波向这些声源的反射,达到吸声的效果。

谐振器对抑制低频声波特别有效。中消声器采用谐振器和吸声原理。两室之间为突然膨胀,从反射孔流出的气体再在穿孔管中折返后排出。

采用吸声原理的后消声器,在穿孔管外面装填了吸声材料。

任务 2　空气供给系统的检测与维修

电控发动机燃油喷射系统不论是 D 形还是 L 形,只要进气系统不密封就会影响喷油量,其影响程度要比化油器式发动机更大,所以进气系统的检修应注意:

(1) 发动机机油尺、机油加油口盖必须安装好,否则会影响发动机运行。

(2) 进气软管不能破裂,箍固要安装紧固,因为漏气会影响进气压力传感器或空气流量计的信号,从而影响喷油量,使发动机怠速不稳,易熄火、动力性和加速性能变差。

(3) 真空管不能破裂、扭结,也不能插错。真空管插错会使发动机怠速不稳,甚至使各缸无规律地交替工作不良。

(4) 喷油器应安装舒贴,密封圈完好,安装不舒贴或密封圈损坏、上部安装密封不良会漏油,造成严重事故,下部密封不良会造成漏气,使发动机真空度下降;运行不良还会使进气压力传感器信号增加,喷油量增加,使混合气偏浓。

1. 空气滤清器的维护

空气滤清器长期使用会产生堵塞,对进气产生额外阻力,使发动机充气量和动力性降低。

根据各车型的规定,应定期对空气滤清器的滤芯进行更换。更换滤芯时,应注意检查新滤芯有无损伤,垫圈是否有缺损情况,如缺损,应予以配齐。

在维护空气滤清器时,还应仔细检查空气滤清器所连接胶管的状况,如果发现胶管开裂、老化等现象,应更换该胶管。

2. 节气门体的维护

电控汽油发动机汽车在行驶一定的里程后,在电控汽油发动机的节气门体或怠速稳定阀处的表面会积累很多油泥,出现怠速不稳,特别是打开空调、前照灯时更加明显,甚至在汽车行驶的过程中可能出现熄火现象。其主要原因是虽然进入气缸的空气都是经过空气滤清器过滤的,但是进气中仍然含有少量细微颗粒物,在经过节气门体时,极易附着在节气门体的表面,随着发动机工作时间的加长,积累的脏物越来越多,到一定的程度时就会直接影响怠速,导致怠速不稳,同时也会增加油耗。

除了出现怠速不稳时需要清洗节气门体外,未出现故障前也可以同正常维护一样,定期进行清洗。如果所在地区的使用环境比较恶劣,尘土较多,建议每行驶 20 000 km 清洗一次;在使用环境比较清洁的地区,可以每行驶 30 000 ~ 40 000 km 清洗一次。

任务 3　汽油机燃油供给系统的检测与维修

1. 燃油供给系统的检测

1) 燃油供给系统压力的卸除

汽油喷射发动机为便于再次起动,在发动机熄火后,燃油供给系统内仍保持较高的压力。在拆卸燃油供给系统内的任何元件时，都必须先释放燃油供给系统压力，以免系统内压力油喷出，造成人身伤害或火灾。

燃油供给系统压力的卸除方法如下：

(1) 松开油箱上的加油盖，释放油箱中的蒸汽压力。

(2) 起动发动机，维持怠速运转，在运转中拔去燃油泵继电器或熔断丝，也可拔下燃油泵导线插头，直至发动机自行熄火。

(3) 再次起动发动机 3~5 次，利用起动喷射卸除油管中的残余压力。

(4) 关闭点火开关，装上油泵继电器或熔断丝或电动油泵导线插头。

2) 燃油供给系统压力的预置

在拆开燃油供给系统之后，为避免首次起动发动机时因系统内无压力导致起动时间过长，应预置燃油供给系统压力。燃油供给系统压力预置可通过反复打开和关闭点火开关数次来完成，也可按下述方法进行：

(1) 检查燃油供给系统所有元件和油管接头是否安装良好。

(2) 用专用导线将诊断座上的燃油泵测试端子跨接到 12 V 电源上，如日本丰田车系直接将诊断座上的电源端子"+B"与燃油泵测试端子"FP"跨接。

(3) 将点火开关转至"ON"位置，使电动燃油泵工作约 10 s。

(4) 关闭点火开关，拆下诊断座上的专用导线。

3) 燃油供给系统压力的检测

通过检测燃油供给系统压力，可诊断燃油供给系统是否有故障，进而根据检测结果确定故障性质和部位。

检测时需用专用油压表和管接头，检测方法如下：

(1) 检查油箱内的燃油应足够。

(2) 卸除燃油系统的压力。拆下进油管与燃油分配器的接头，拆卸时应在接头下部垫上抹布，以防止燃油滴落到发动机机体上，引起火灾。如果燃油管内压力过高，拆卸时也应用抹布包住油管接头，如图 6-89 所示，以防止燃油喷出，造成伤害。

(3) 安装汽车专用燃油压力表。拆下蓄电池负极搭铁线，安装汽车专用燃油压力表，将燃油压力表专用接头连接到燃油管上，如图 6-90 所示位置，并夹紧其接头，防止泄漏。之后，重新装蓄电池负极搭铁线、电动燃油泵继电器和电动燃油泵导线插头。

图 6-89 卸除燃油供给系统的压力

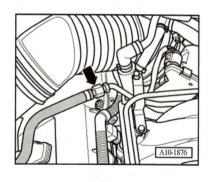

图 6-90 燃油压力表的连接

(4) 检测静态油压。拔下燃油泵继电器，用导线将继电器供电端子短接；打开点火开关但不起动发动机，使燃油泵运转，此时的燃油压力应符合技术要求，一般应在 300~400 kPa 摆动（油压调节器的工作使油压表指针摆动），如图 6-91 所示。

静态油压偏高多是回油管变形或油压调节器损坏造成的，应先仔细检查回油管，变形的油管会阻碍燃油的流动，导致静态油压升高，若回油管完好，应更换燃油压力调节器。

静态油压偏低多是油泵的进油滤网脏堵、电动汽油泵内部磨损、电动汽油泵限压阀损坏、汽油滤清器脏堵、燃油压力调节器调压弹簧过软或喷油器喷孔卡滞常喷油造成的，可尝试更换汽油滤清器，若油压没有恢复正常，则继续下述检测步骤，找出故障的确切位置。

(5) 检测怠速工作压力。发动机怠速运转时，油压表读数即燃油供给系统的怠速工作压力。保持怠速状态时，观察燃油压力表，如图 6-92 所示，其压力应能迅速达到 300~420 kPa 或符合车型技术规定。

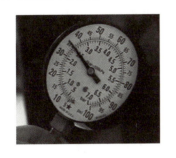
图 6-91　静态油压

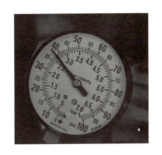
图 6-92　怠速油压

怠速工作油压偏高多是燃油压力调节器真空管错装、漏装或漏气造成的，此时应先检视真空管安装是否正确、是否存在漏气部位，必要时予以更换。

在拔下真空管对怠速工作压力进行检测时，油压应上升与节气门体全开时的加速油压基本相等，否则应更换燃油压力调节器。

(6) 检测急加速压力。急加速至节气门体全开时，油压表读数即燃油供给系统的急加速油压，一般急加速时油压应相比由怠速工作时明显上升 50 kPa 左右，或符合车型技术规定。

若急加速油压无变化，则可能是真空管插在了有单向阀的真空储气罐上（如刹车真空系统），应予以恢复。

若急加速油压与怠速工作油压差值小于 50 kPa，或不符合车型技术规定，则说明在节气门体全开时进气系统仍存在真空节流（例如节气门体无法开至最大角度），应予以检修。

(7) 检测油泵最大供油压力。在怠速运转时，用包有软布的钳子将回油软管夹住，此时油压即油泵最大供油压力，其值应符合车型技术要求，一般为工作油压的 2~3 倍，即 500~750 kPa。

油泵最大供油压力偏高是油泵限压阀卡滞造成的，应更换电动汽油泵。

油泵最大供油压力偏低是汽油滤清器堵塞、油泵的进油滤网脏堵、电动汽油泵内部磨损、油泵限压阀关闭不严或调压弹簧过软造成的。若出现以上现象，则应在更换汽油滤清器后重新检测。若油压仍然偏低，则从油箱中拆出电动燃油泵检视：若油泵的进油滤网脏污，则清洗油箱和进油滤网；若进油滤网良好，则更换电动汽油泵总成。

（8）检测调节压力。在发动机怠速运转中，拔下燃油压力调节器上的真空管时，如图6-93所示，其燃油压力应能明显上升，燃油系统升高后的油压与怠速工作油压的差值一般为30~80 kPa，或符合车型技术规定。

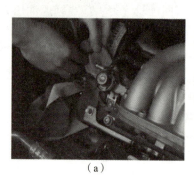 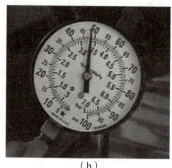

图6-93 拔下燃油压力调节器上的真空管接头，燃油压力明显上升
(a) 拔下燃油压力调节器真空管接头；(b) 燃油压力明显上升

（9）检测燃油供给系统的保持压力。松开油管夹钳，恢复静态油压，取下油泵继电器跨接线使油泵停止运转，并等待30 min，此时油压表读数即燃油供给系统的保持压力，应符合车型技术规定。

保持压力过低是电动汽油泵止回阀关闭不严、油压调节器回油口关闭不严或喷油器滴漏造成的。应首先恢复静态油压，再用包有软布的钳子夹住回油软管，若压力停止下降，则应更换油压调节器；若保持压力继续下降，则用包有软布的钳子夹住燃油压力表三通接头至燃油分配管之间的进油软管，如果压力停止下降，就说明喷油器漏油，应结合喷油器试验，找出滴漏的喷油器并予以清洗，清洗后复检，必要时予以更换；若保持压力继续下降，则说明电动燃油泵止回阀密封不严，应更换电动燃油泵总成。

保持压力检测完毕后再次复查静态压力，如果静态压力仍然偏低，应更换油压调节器。

2. 电动汽油泵的检测

1) 就车检测电动汽油泵

（1）用专用导线将诊断插座上的汽油泵测试端子跨接到12 V电源上，也可以拆开电动汽油泵的线束连接器，直接用蓄电池给汽油泵通电。

（2）将点火开关转至"ON"位置，但不要起动发动机。

（3）旋开油箱盖应能听到汽油泵工作的声音，或用手捏进油管应感觉有压力。若听不到汽油泵工作的声音或进油管无压力，则应检修或更换汽油泵。

（4）若汽油泵不工作，但按上述方法检查正常，则应检查汽油泵电路导线、继电器、易熔线和熔丝有无断路。

2) 电动汽油泵拆下后的检测

拆卸汽油泵时注意：应释放燃油供给系统压力，并关闭用电设备。

（1）用万用表测量电动燃油泵两接线柱之间的电阻，如正常，则应能导通，其电阻值应为2~3 Ω。

（2）用蓄电池电源短时间加在电动汽油泵两接线柱上，如正常，则应能听到电动汽油泵转子高速转动的声音。

（3）将电动汽油泵浸在汽油桶内，用专用导线连接蓄电池和电动汽油泵；接通电源后，电动汽油泵出油口应有大量高压汽油泵出。做此项检验时要注意安全，应在通风良好处进行；电动汽油泵接线要连接牢固；蓄电池要远离电动汽油泵；最好使用非可燃性的专用喷油嘴检验液代替汽油。

以上检测如有异常，应更换电动汽油泵。

3. 汽油滤清器的维护

汽油滤清器为一次性使用零件，一般每行驶 30 000 ~ 40 000 km，或每两个二级维护作业周期更换一次。若使用的燃油含杂质较多，则应缩短更换周期。

4. 燃油压力调节器的检测

由于燃油压力调节器的作用是调节喷油压差恒定，所以出现故障时会直接影响喷油压差的高低和发动机的供油量，使发动机产生供油不稳、怠速不稳、起动困难、加速无力、耗油、冒黑烟等故障。

燃油压力调节器的主要故障是弹簧张力疲劳后变小或膜片破裂。它是不可调节器件，若工作不良，应进行更换。

5. 喷油器的检测

1）喷油器的就车检测

（1）检测喷油器的工作情况。如图 6 - 94 所示，在发动机运转过程中，用听诊器（触杆式）或手指接触喷油器时，可听到或感觉到与发动机转速成正比的喷油频率。若各缸喷油器工作声音清脆均匀，则说明各喷油器工作正常；若某缸喷油器工作声音很小，则可能是针阀卡滞，应做进一步的检测；若听不见某缸喷油器工作的声音，则说明该缸喷油器不工作，应检测喷油器及其控制线路。

图 6 - 94　喷油器工作情况的检测

（2）检测喷油器的电阻。拔下喷油器的线束插头，用万用表电阻挡测量喷油器上两个接线端子间的电阻值，如图 6 - 95 所示。在 20 ℃时，高电阻型喷油器的电阻值应为 12 ~ 16 Ω，低电阻型喷油器应为 2 ~ 5 Ω；否则，应更换喷油器。

（3）检测喷油器的供电电压。当点火开关置于"ON"位置时，用万用表的直流电压挡测量线束连接器的 + B 端子与搭铁之间的电压，应为 12 V。若不正常，则检测控制线路及 ECU。

2）喷油器拆下后的检测

喷油器从车上拆下，应用专用的喷油器清洗仪对喷油器进行清洗和检测。喷油器清洗仪如图6-96所示,它可对喷油器进行清洗并对喷油器的喷油量、雾化质量和针阀密封性进行检测。

图6-95 喷油器电阻的检测

图6-96 喷油器清洗仪

喷油器在正常工作压力下15 s常开,喷油量一般为45~75 mL,如图6-97所示,可通过量筒上的刻度值对喷油量进行读取,各缸喷油量误差不得超过平均喷油量的5%;喷油器关闭后,在正常工作压力下,喷油器在1 min内不得滴漏2滴以上油滴。

图6-97 喷油器喷油量的检测

任务4 电子控制系统的检测与维修

1. 进气歧管绝对压力传感器的检测

以丰田皇冠3.0轿车2JZ-GE发动机所采用的压阻效应式进气歧管绝对压力传感器为例。该传感器与ECU的连接电路如图6-98所示。

1)电源电压的检测

将点火开关置于"OFF"位置,拔下进气歧管绝对压力传感器的线束连接器,然后将点火开关置于"ON"位置,不起动发动机,用万用表直流电压挡测量线束连接器中电源端V_C和接地端E_2间的电压,如图6-99所示,其值应为5 V。如有异常,应检测进气歧管绝对压力传感器与ECU之间的线路是否导通。若断路,则应更换

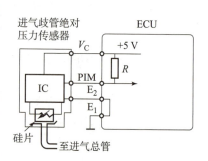

图6-98 进气歧管绝对压力传感器与ECU的连接电路

或修理线束。

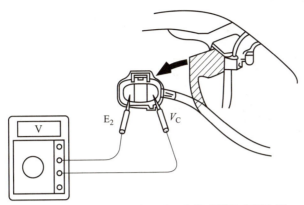

图 6-99 检测进气歧管绝对压力传感器的电源电压

2) 输出信号电压的检测

将点火开关置于"ON"位置,但不起动发动机,拆下连接进气歧管绝对压力传感器与进气歧管的真空软管。在 ECU 导线连接器侧用万用表电压挡测量进气歧管绝对压力传感器 PIM 端子与 E_2 端子间在大气压力状态下的输出电压,并记下这一电压值;然后用真空泵向进气歧管绝对压力传感器内施加真空,从 13.3 kPa(100 mmHg)起,每次递增 13.3 kPa(100 mmHg),一直增加到 66.5 kPa(500 mmHg)为止,然后测量在不同真空度下进气歧管压力传感器 PIM 端子与 E_2 端子间的输出电压,如图 6-100 所示。该电压应能随真空度的增大而不断下降。将不同真空度下的输出电压下降量与表 6-1 所示的标准值比较,如不符,应更换进气歧管绝对压力传感器。

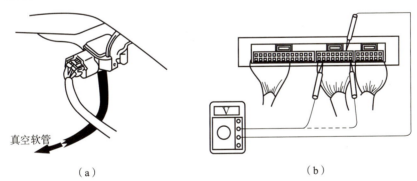

(a) (b)

图 6-100 检测进气歧管绝对压力传感器的输出信号电压
(a) 拆下传感器真空软管;(b) 检测传感器输出信号

表 6-1 进气歧管绝对压力传感器输出信号电压标准(皇冠 3.0 轿车 2JZ-GE 发动机)

真空度/kPa	13.3	26.6	39.9	53.2	66.5
电压值/V	0.3~0.5	0.7~0.9	1.1~1.3	1.5~1.7	1.9~2.1

2. 空气流量计的检测

以大众系列车型发动机所采用的热膜式空气流量计为例,插头端子与连接电路如图 6-101 所示。

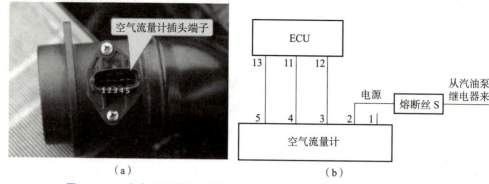

图 6-101 大众系列车型发动机热膜式空气流量计插头端子与连接电路
(a) 空气流量计插头端子；(b) 空气流量计与 ECU 连接电路
1—空端子；2—+12 V 电源；3—负信号线；4—+5 V 电源；5—正信号线

（1）检测外观。检查空气流量计的防护网、热膜有无异常，若有，则应更换空气流量计。

（2）检测空气流量计供电。将万用表调到 20 V 的电压挡，将万用表红表笔接触线束端 2 号插脚，黑表笔搭铁，起动发动机或打开点火开关（3 s），万用表显示电压值应为蓄电池电压。如果未在规定值范围内，则应检查供电导线和燃油泵继电器。

（3）检测 5 V 电源。将万用表调到 20 V 电压挡；将万用表红表笔接触线束端 4 号插脚，黑表笔搭铁，打开点火开关，万用表显示电压值应为计算机供电电压（5 V）；如果没有电压，则检测 4 号插脚到计算机 ECU 端间的线路是否导通。

（4）检测端子 3 接地。打开点火开关（3 s），2 号与 3 号插脚之间的电压应为蓄电池电压；或检测 3 号插脚到计算机间的线路是否导通。

（5）检测空气流量计信号线。用万用表的 20 Ω 电阻挡检测线束端 5 号插脚与计算机之间的电阻，阻值应小于 1.5 Ω，否则应更换或维修线束。

3. 节气门体位置传感器的检测

1）触点开关式节气门体位置传感器的检测

以丰田 1G-EU 发动机为例，触点开关式节气门体位置传感器与 ECU 的连接线路如图 6-102 所示。

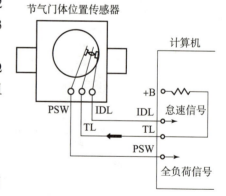

图 6-102 丰田 1G-EU 发动机触点式节气门体位置传感器与 ECU 的连接线路

触点开关式节气门体位置传感器的检测步骤：将点火开关置于"OFF"位置，拔下节气门体位置传感器连接器，在节气门体限位螺钉和限位杆之间插入规定厚度为 0.5 mm 或 0.9 mm 的塞尺；如图 6-103 所示，用万用表欧姆挡在节气门体位置传感器连接器上测量怠速触点和全负荷触点的导通情况。

当节气门体全闭时，怠速触点 IDL 应导通；当节气门体全开或接近全开时，全负荷触点 PSW 应导通；在其他开度下，两触点均应不导通。具体情况如表 6-2 所示；否则，应调整或更换节气门体位置传感器。

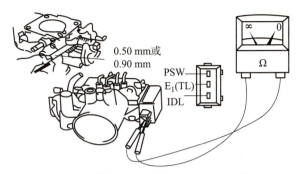

图6-103 就车检测触点式节气门体位置传感器

表6-2 丰田1G-EU发动机触点式节气门体位置传感器就车检测标准

限位螺钉和限位杆之间的间隙/mm	端子		
	IDL-E（TL）	PSW-E（TL）	IDL-PSW
0.5	导通	不导通	不导通
0.9	不导通	不导通	不导通
节气门体全开	不导通	导通	不导通

2）线性电位计式节气门体位置传感器的检测

线性电位计式节气门体位置传感器和ECU的连接电路如图6-104所示。

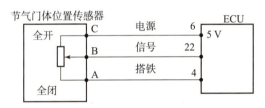

图6-104 线性电位计式节气门体位置传感器和ECU的连接电路

线性电位计式节气门体位置传感器的检测步骤如下：

（1）电阻测量。

①将点火开关置于"OFF"位置，拆开线束插接器。用万用表欧姆挡在传感器线束端测量插脚C和A之间的电阻，以及节气门体全关和全开时插脚A和B之间的电阻。

②检测完以后，插好插接器，并将万用表置于"OFF"位置。

（2）电压测量。

①将点火开关置于"OFF"位置，拆开线束插接器，然后将点火开关置于"ON"位置（不起动发动机），用万用表测量线束端插孔C（电源端子）和插孔A（搭铁端子）之间的电压，正常应为5 V。

②接好插接器，将点火开关置于"ON"位置（不起动发动机），在ECU端用万用表测量信号端子B和搭铁端子A之间的电压。标准：节气门体全关（怠速位置）时，信号电压大于0.2 V（约0.5 V）；随着节气门体的开度增大，信号电压逐渐升高；节气门体全开时，信号电压小于4.8 V（约4.5 V）。

3）综合式节气门体位置传感器的检测

以丰田皇冠3.0轿车发动机为例，综合式节气门体位置传感器与ECU的连接电路如图6-105所示。其检测步骤如下：

（1）怠速触点导通性检测。将点火开关置于"OFF"位置，拆下节气门体位置传感器的导线连接器，用万用表欧姆挡在节气门体位置传感器连接器上测量怠速触点IDL的导通情况。当节气门体全闭时，IDL-E_2端子间应导通（电阻为0）；当节气门体打开时，IDL-E_2端子间应不导通（电阻为∞）；否则，应更换节气门体位置传感器。

（2）测量电位计的电阻。将点火开关置于"OFF"位置，拆下节气门体位置传感器的导线连接器，用万用表欧姆挡测量线性电位计的电阻，如图6-106中E_2和V_{TA}之间的电阻，该电阻应能随节气门体的开度增大而线性增大。

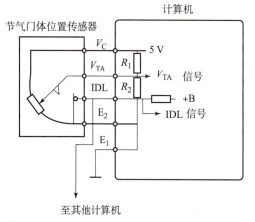

图6-105 丰田皇冠3.0轿车发动机综合式节气门体位置传感器与ECU的连接电路

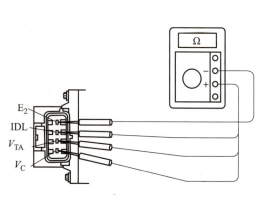

图6-106 测量线性电位计的电阻

（3）电压检查。插好节气门体位置传感器的导线连接器，当点火开关置于"ON"位置时，发动机ECU连接器上IDL、V_C、V_{TA} 3个端子处应有电压；用万用表电压挡检测IDL-E_2、V_C-E_2、V_{TA}-E_2间的电压值应符合表6-3所示。

表6-3 丰田皇冠3.0轿车发动机综合式节气门体位置传感器各端子电压

端子	条件	标准电压/V
IDL-E_2	节气门体全开	9~14
V_C-E_2	—	4.0~5.5
V_{TA}-E_2	节气门体全闭	0.3~0.8
—	节气门体全开	3.2~4.9

4. 油门踏板位置传感器的检测

以大众朗逸车型油门踏板位置传感器为例，接触式油门踏板位置传感器与ECU的连接电路如图6-107所示。

1）电阻值的检测。

拆下油门踏板位置传感器的6芯插头，如图6-108所示。通过电阻测量检测油门踏板位置传感器本身的性能。

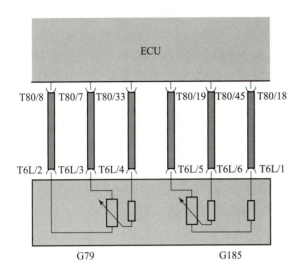

图 6-107 大众朗逸车型接触式油门踏板位置
传感器与 ECU 的连接电路

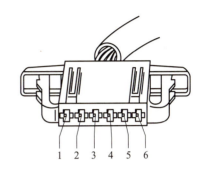

图 6-108 油门踏板位置传感器的 6 芯插头

检测内容及相应标准如表 6-4 所示。

表 6-4 大众朗逸车型油门踏板位置传感器各端子间的电阻值

传感器	端子	正常阻值/Ω	随踏板动作连续变化时/Ω
G79	2-3	450~500	不变
	3-4	怠速：1 050~1 100 全负荷：1 400~1 450	1 050~1 450
G185	1-5	550~600	不变
	5-6	怠速：950~1 000 全负荷：1 300~1 350	950~1 350

2）电压值的检测

油门踏板位置传感器最终还是要靠电压来传递信息的，所以对其相关电压值进行检测是必不可少的，电压值的检测一般应在工作状态下进行。检测内容及相应标准如表 6-5 所示。

表 6-5 大众朗逸车型油门踏板位置传感器各端子间的电压值

传感器	端子	电压值/V
G79	2-搭铁	5
	2-3	5
	4-搭铁	怠速：0.70~0.75 全负荷：4.45~4.55
G185	1-搭铁	5
	1-5	5
	6-搭铁	怠速：0.35~0.37 全负荷：2.20~2.25

3）数据流的读取

油门踏板位置传感器的数据也可利用诊断工具在发动机数据块 062 组中读出，但数据块中油门踏板位置传感器的信息是以百分数的形式出现的：0% 对应电压为 0 V，7% 对应电压约为 0.35 V，45% 对应电压约为 2.25 V，90% 对应电压约为 4.5 V，100% 对应电压为 5 V。G79 的正常范围为 12%~97%，G185 的正常范围为 4%~49%。

5. 温度传感器的检测

1）进气温度传感器的检测

图 6-109 所示为进气温度传感器与 ECU 的连接电路。进气温度传感器本身或其线路故障将导致发动机起动困难、怠速不稳、废气污染物排放量增加等故障现象。

进气温度传感器的检测步骤如下：

（1）检测传感器的电阻。关闭点火开关，拆下进气温度传感器的线束插接器，并将传感器拆下；用电热吹风器、红外线灯或热水加热进气温度传感器；用万用表欧姆挡测量不同温度下两端子间的电阻值，将测得的电阻值与维修手册所提供的标准数值进行比较。如果与标准值不符，则应更换。

（2）检测传感器的电压。

①检测电源电压。拔下传感器插头，打开点火开关，用万用表电压挡检测传感器插头上的两根线（信号线和搭铁线），如图 6-110 所示，电压应为 4.7~5.0 V。若无电压或电压很低，则检查电路和 ECU 信号端是否正常。

②检测不同温度条件下传感器的输出电压。将传感器安装在发动机上，在传感器的两个接线端之间连接一只电压表，对于不同温度条件，进气温度传感器都应有确定的电压降，如大众桑塔纳 AFE 发动机所采用的进气温度传感器所测得的电压应为 0.5~3 V 且随进气温度的变化而呈反比变化。

2）冷却液温度传感器的检测。

冷却液温度传感器与 ECU 的连接电路如图 6-111 所示。其检测步骤如下：

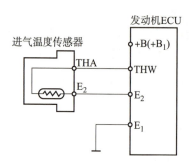

图 6-109　进气温度传感器与 ECU 的连接电路

图 6-110　检测电源电压

（1）检测电源电压。拆开冷却液温度传感器的插头，打开点火开关，用电压表测量线束插接器上两端子之间的电压（即传感器的电源电压）。在正常情况下，该电压值应为 4.7~5.0 V。若电压值不正常，则应检测相关的线路。

（2）检测信号电压。连接好冷却液温度传感器的插接器，打开点火开关，用电压表测量线束插接器上两端子之间的电压。当水温为 80 ℃ 时,该电压值应为 0.2～1.0 V。

(3) 检测工作特性。首先拆下冷却液温度传感器,然后按图 6-112 所示方法对水进行加热,用万用表欧姆挡测量不同水温下冷却液温度传感器的电阻值,并将其与标准值对比,即可判定冷却液温度传感器是否正常。

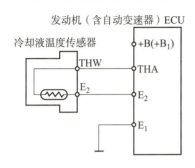
图 6-111　冷却液温度传感器与 ECU 的连接电路

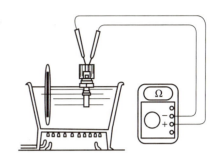
图 6-112　冷却液温度传感器电阻的动态检测

6. 凸轮轴/曲轴位置传感器的检测

1) 电磁式凸轮轴/曲轴位置传感器的检测

以大众捷达 AHP 发动机电磁式曲轴位置传感器为例,其与 ECU 的连接电路如图 6-113 所示。

其检测步骤如下:

(1) 检测传感器电阻。

①拔下发动机转速传感器 G28 的 3 芯插头,如图 6-114 所示。

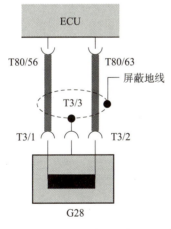
图 6-113　电磁式曲轴位置传感器与 ECU 的连接电路

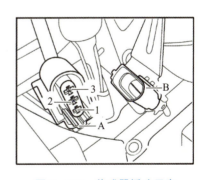
图 6-114　传感器插头示意

②将万用表调到 2 kΩ 的电阻挡,将万用表二表笔分别接触传感器端插头 1 和 2 插脚,读出检测电阻值(应为 480～1 000 Ω)。如果未在规定值范围内,则应更换发动机转速传感器。

(2) 检查传感器导线与屏蔽线。

①将万用表调到大电阻挡(如 20 kΩ),用二表笔接到端子 1 和 3(屏蔽)间,其电阻值应为 ∞(开路)。

②将万用表二表笔接到端子 2 和 3（屏蔽）之间，其电阻值应为∞（开路）。

(3) 检查传感器信号线。

①用万用表 20 Ω 电阻挡，检查传感器线束端插头 1 号端子到计算机是否导通。

②检查传感器线束端插头 2 号端子到计算机是否导通（阻值不超过 1.5 Ω）。

2）霍尔式凸轮轴/曲轴位置传感器的检测

以大众捷达 AHP 发动机霍尔式凸轮轴位置传感器为例，其与 ECU 的连接电路如图 6 - 115 所示。

其检测步骤如下：

(1) 检查传感器供电。将万用表调到 20 V 的电压挡，将万用表红表笔接触线束端插头 1 号端子，黑表笔搭铁，电压值应为 5 V。如果未在规定值范围内，则应检查 1 号端子到计算机的 ECU 端是否导通。

(2) 检查传感器接地。打开点火开关，不起动发动机，线束端插头 1 与 3 端子之间的电压应为 5 V；或检测 3 号端子到计算机间的线路是否导通。

(3) 检查信号线。用万用表 20 Ω 电阻挡，检查传感器线束插头 2 号端子到计算机的 ECU 端是否导通，电阻值应小于 1.5 Ω。

(4) 如上述检查均正常，则应是传感器元件损坏或 ECU 损坏。

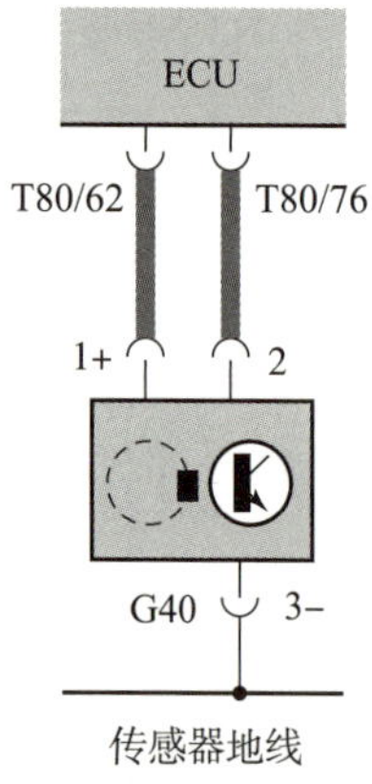

图 6 - 115　霍尔式凸轮轴位置传感器与 ECU 的连接电路

7. 氧传感器的检测

以大众捷达 AHP 发动机氧化锆式氧传感器为例，其与 ECU 的连接电路及传感器端插头如图 6 - 116 所示。氧化锆式氧传感器的检测步骤如下：

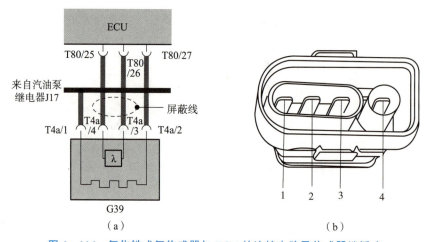

图 6 - 116　氧化锆式氧传感器与 ECU 的连接电路及传感器端插头
(a) 与 ECU 的连接电路；(b) 传感器端插头

(1) 检测氧传感器加热电阻。

①将万用表调到 200 Ω 电阻挡；

②将万用表二表笔分别接触传感器端插头 1 和 2，如图 6 - 117 所示；

③读出检测电阻值（约为几欧到几十欧），如果电阻为∞，就需更换氧传感器。

（2）检测氧传感器供电。

①将万用表调到 20 V 电压挡；

②将万用表红表笔接触线束端插头 1，黑表笔搭铁，起动发动机或打开点火开关（3 s），电压值应为蓄电池电压。

③如果未在规定值范围内，应检查供电导线和燃油泵继电器。

（3）检测氧传感器导线。

①用万用表检测线束端插头 2 到计算机导线是否导通；

②用万用表检测线束端插头 3 到计算机导线是否导通；

③用万用表检测线束端插头 4 到计算机导线是否导通。

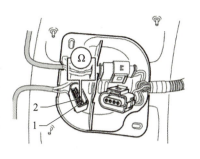

图 6-117　检测传感器端插头 1 和 2

8. ECU 的检测

1）ECU 的检测要点

在检测 ECU 之前，必须注意以下几个要点：

（1）认真检测外电路，排除外电路故障，确认外电路正常之后方可对 ECU 进行检修；

（2）检测 ECU 外部是否有损伤痕迹，固定是否牢固，焊锡（胶黏）是否密封可靠；

（3）检测线插接通情况，特别查看电源线和搭铁是否正常；

（4）确认系统采用的 ECU 型号。

2）ECU 的检测方法

ECU 检修作业的关键，在于故障原因和故障部位的诊断，至于维修作业，主要是通过更换和电路焊接来处理。ECU 的检测方法有以下几种：

（1）直观检测法。直观检测法是通过视觉去观察电路、元器件等的工作状态，从中发现异常，直接查找故障的部位和原因。这是所有检测法的基础步骤。通过仔细观察，了解 ECU 的基本信息（型号、管脚、应用车型等），并掌握故障可能的外部表现迹象，如密封不良、进水、外部断路、外部短路、严重烧蚀等。该方法的特点是简单、方便，但收效低，在使用时应和其他检测方法紧密结合。

（2）接触检测法。接触检测法是在 ECU 工作状态下，通过直接接触去寻找故障点。在对待查元件接触的过程中，通过触觉感知温度，通过嗅觉感知气味，确认是否有异常表征。该方法方便、简单、实用、针对性强，能够直接发现故障部位，但必须有丰富的经验，才能获得准确的结果。为了避免引发新的故障，在检测过程中，ECU 要放置平稳，注意线路板或电子元件与其他部分（尤其是车身底盘部分）保持安全距离，以免线路搭铁，造成不可修复的故障。

（3）故障再生法。故障再生法是有意识地让故障重复发生，并力图使故障的发生、发展、转化过程变得比较缓慢，以便提供充足的观察机会、次数、时间和过程，在观察过程中发现影响故障的因素，从而查出故障部位和原因。

对于 ECU 来说，间歇性故障几乎都是在一些特定的环境下出现的，因此，为了让故障再现，需要采取一些必要的措施，模拟故障显现环境。结合汽车和工程机械的使用条件，通常的方法有以下 4 种：

①振动法。通过轻轻地振动、拍打、敲击 ECU，拉动 ECU 连接线束，再现振动条件下发生的间歇性故障。

②水淋法。用水浇淋风窗玻璃或发动机罩，再现 ECU 因受潮而发生的间歇故障。注意：绝对不能将水直接浇到 ECU 上。

③加热法。可以用电吹风或热风枪对 ECU 或分析部位进行加热，再现因温度过高而发生的间歇故障。操作时要注意，温度不能超过 85 ℃，风口与 ECU 电路板要保持 20 cm 以上的安全距离。

④电器全接通法。不要将 ECU 从车上拆下，接通汽车全部用电设备，再现 ECU 因电路电流过大而发生的间歇故障，故障重现后应及时诊断及排除故障。

此方法主要适用于间歇出现的故障，即 ECU 时好时坏的情况，对于一直处于不良状态的情况则不宜采用。

（4）参照检测法。参照检测法是一种利用比较手段来寻找故障部位的检测方法。通常用一个性能良好的 ECU，测量其关键部位的参数，包括电压、电阻等。运用移植、比较、借鉴、引申、参照等手段，查出不同之处，以便诊断故障部位和原因。大部分故障都可以采用此方法检测出来，因为有一个 ECU 作为参照物对比检测，就能发现故障 ECU 的不同之处，从而查明故障部位和原因。参照分为实物参照和图纸参照两种。实物参照需要用两辆同型号的车辆，对其两块 ECU 进行性能和检测参数对比；图纸参照操作起来比较容易，但大部分 ECU 的电路图查找起来比较困难。

当通过参照检测法已经将故障范围缩小到局部的集成电路时，可按 ECU 的型号查找技术资料，了解其主要电路、各引脚功能等。通常各种型号 ECU 的主要应用电路是相同或相近的，这样就可以参考典型电路来指导维修。

（5）替代检测法。替代检测法的基本思路是用一个性能可靠的元器件替代一个待查的元器件（或电路），如果替代后工作正常，就说明待查元器件出现故障。如果替代后故障现象不变，就可排除待查元器件的故障可能性，进一步缩小故障范围。替代检测法适用于各种故障诊断，但在采用时要有针对性，这样会节省诊断时间，提高诊断的成功率。在运用替代检测法的过程中，还应注意以下几点：

①在特殊情况下，一个故障是由两个或两个以上故障点造成的，此时若只替代了其中一个元器件，则故障现象仍然不变，必须同时替代两个或多个待查元器件直到故障现象消除，然后逐一尝试替换为原元器件，结合伴随的现象来判断故障部位。

②替代检测法对仅有 1~2 个元器件存在故障的情况较为实用，通常在用其他方法诊断出具体的方向和范围之后采用。盲目地替换往往会对线路板、元器件造成二次损坏。

③对于集成电路这样的多管脚元件，采用替代检测法要慎重，通常在有明确的结论后才进行替代检测。同时，在替代操作过程中，若要进行焊接作业，必须在断电的情况下进行。

（6）电压检测法。电压检测法主要是对 ECU 内关键点的电压进行实时测量，以找出故障部位。这些关键点主要是各集成电路的供电电源、线路中连接蓄电池的主电源、受点火开关或电源开关控制的电源、内部经过集成稳压器或调整三极管输出的稳压电源。电路中的数字电路、微处理器等基本上都工作在 5 V 或更低的工作电压下，12 V 的蓄电池电压无法直接加到这些元件的电源管脚上，必须由稳压电路为其提供合适的工作电压。稳压电路在降低电压的同时可滤掉脉冲类干扰信号，以避免对数字电路的工作带来影响。

这些关键电路的电源电压在工作期间是固定不变的，但为了提高测量的可靠性，测量应确定在点火开关或电源开关接通而发动机不起动的状态下进行。采用数字万用表对ECU的集成电路的电压进行检测，能掌握各电路及元器件的工作状况。

（7）电阻检测法。电阻检测法是利用万用表，通过检测线路的通断、阻值的大小以及元器件的工作状态，来判别故障原因和故障部位。此种方法主要适用于元器件和铜箔线路的检测。

①对于元器件，除了常规的电阻、二极管、三极管外，一些集成电路也可以采用此种方法进行检测。对于集成电路，如管脚功能结构相同、外电路结构相似，其对地电阻应十分接近，因此可以采用万用表对其进行正、反向的测量，然后比较测量值，找出故障点。这种测量方法对于找不到芯片资料，而元器件外部连线结构形式相同的集成电路来说是有效的。

②铜箔线路经常发生开裂和断路故障。开裂主要是车辆的冲击、振动造成的；而ECU进水受潮是造成铜箔腐蚀断路的主要原因。很多车辆的ECU/ECM/PCM安装于驾驶室地板下或侧面踢脚板旁边，在潮湿的条件下，ECU/ECM/PCM很容易进水，如不及时处理，铜箔在水汽的作用下渐渐腐蚀，故障的可能性越来越大。在实际操作时，必须查清铜箔线路走向，这可通过检测线路两端的电阻进行判别。

（8）波形检测法。波形检测法是采用专用或通用示波器，对ECU关键点的波形进行测量，对微处理器MCU的相关管脚波形进行测量，从而判断ECU是否正常。如对于89C51微处理器来说，石英晶体振荡器输入端的正常状态为标准正弦波，其ALE端为1/6时钟频率的脉冲波。其他微处理器也有类似的功能引线。

对于外围元件也可以采用此种方法进行检测。比如一个点火线圈不工作，在排除外部相关元器件及连接线路故障的可能性后，可用示波器直接测量驱动电路开关TLE4226G的信号输入端（IN1 - IN4）。在正常状态下，4个信号波形是相同的，仅时间轴略有差异。通过对输入信号波形的测量比较，可判断故障是来自MCU还是TLE4226G。不仅如此，波形检测法也可对传感器的输入信号、经输入电路后送给MCU或A/D转换器的信号、输出信号及各种驱动器的输入/输出信号进行检测分析。

（9）信号注入检测法。信号注入检测法是采用信号发生器给电路输入相同或相近的信号，在输出端观察执行器的动作情况，或在输出端连接示波器或万用表，根据指示波形或显示信号来判断故障范围。采用该方法应对电路结构原理有全面的认识，对相应的波形有所了解，并需要专门的仪器设备。该方法操作麻烦，但对于解决疑难故障来说是一个行之有效的方法。

项目七
发动机点火系统的检测与维修

项目案例

一辆捷达出租车行驶了 15.8 万 km，3 个月前因为动力不足在一家正规的维修厂进行了发动机大修，最近司机发现车辆又出现动力不足和加速无力的现象，只好又把车开到该维修厂对发动机进行检测。现在，主要的工作是配合维修技师对该车进行全面的检测，找到故障原因并排除。

一、学习目标

1. 知识目标
（1）掌握点火系统的类型和基本组成；
（2）能识别点火系统的元器件；
（3）掌握电控点火系统的工作原理；
（4）了解发动机爆振控制原理。

2. 能力目标
（1）能够对火花塞进行检测和更换；
（2）能够对点火系统的主要部件进行拆装；
（3）能够通过万用表或诊断仪对点火系统各元件进行检测。

二、知识准备

任务 1　点火系统的结构及基本原理

点火系统的作用是将蓄电池或发电机的低压电（一般为 12~14 V）转变成高压电（一般为 12~30 kV），同时按发动机各气缸的工作顺序，及时地在气缸压缩行程终了时用电火花点燃可燃混合气，满足可燃混合气充分地燃烧及发动机工作稳定的性能要求，使发动机顺利地实现从热能到机械能的转变。

1. 点火系统的分类

1）按采用的电源不同分类

按采用的电源不同，点火系统可分为磁电动机点火系统和蓄电池点火系统。

（1）磁电动机点火系统。点火系统的电源是磁电动机，现在此种点火系统仅在摩托车上还有应用。

（2）蓄电池点火系统。点火系统的电源是蓄电池或发电机，在汽车和摩托车上都有应用。

2）按点火系统储存点火能量的方式分类

（1）电感蓄能式点火系统。其工作原理：点火系统产生高压前从电源获取能量的是电感线圈，并以磁场能的方式储存，即以点火线圈建立磁场能量的方式储存点火能量。

（2）电容储能式点火系统。其工作原理：点火系统产生高压前从电源获取能量的是电容器，并以电场能的方式储存，即以蓄能电容建立电场能量的方式储存点火能量。

3）按点火信号产生的方式分类

（1）磁感应式点火系统。其工作原理：由分电器轴驱动的导磁转子转动，改变磁路磁阻，使感应线圈的磁通量发生变化而产生点火电压信号。

（2）光电式点火系统。其工作原理：由分电器轴驱动的遮光转子转动，通过阻挡和穿过发光二极管光线的变化，使光敏三极管产生点火信号。

（3）霍尔效应式点火系统。其工作原理：由分电器轴驱动的导磁转子转动，通过霍尔元件通过的磁通量的变化产生点火信号。

4）按初级电路的控制方式分类

按初级电路的控制方式，点火系统可分为传统点火系统、电子点火系统和电控点火系统3类。

（1）传统点火系统的组成和工作原理

①传统点火系统的组成。传统点火系统主要由电源、点火开关、附加电阻、点火线圈、分电器（包括断电器、配电器、点火提前机构）、电容器、火花塞等组成，如图7-1所示。

传统点火系统的电路可分为初级电路和次级电路，这两个电路是相互独立的。初级电路也叫低压电路，所谓低压是指蓄电池电压大约为12 V。次级电路也叫高压电路，高压电路中部件的工作电压为5 000~50 000 V。低压电路的作用是控制点火线圈初级电路的通断，使点火线圈内磁场产生突变而使点火线圈次级绕组产生高压电。其主要包括：蓄电池、电流表（有些车辆没有）、点火开关、附加电阻、点火线圈初级绕组、断电器、电容器等。高压电路的作用是在点火线圈初级电路被切断时感生出高压电，击穿火花塞间隙，点燃可燃混合气。其主要包括：点火线圈次级绕组、中心高压线、配电器、分缸高压线、火花塞等。

②传统点火系统的工作原理。如图7-2所示，发动机工作时，由发动机凸轮轴以1:1的传动关系驱动分电器轴。分电器上的凸轮使断电器触点交替地闭合和打开。当触点闭合时，接通点火线圈初级绕组的电路；当触点打开时，切断点火线圈初级绕组的电路，使点火线圈的次级绕组中产生高压电，经配电器传递给火花塞，在火花塞的电极处产生电火花，点燃混合气。分电器如图7-3所示。

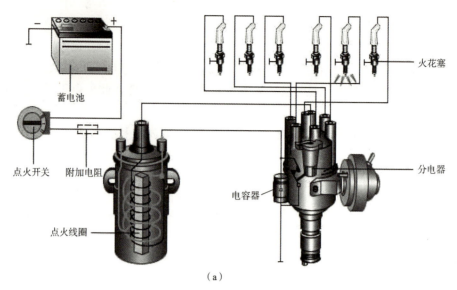

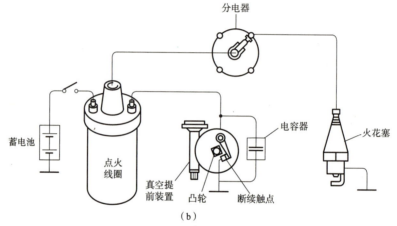

图 7-1 传统点火系统
（a）实物示意；（b）电路示意

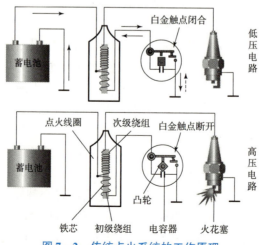

图 7-2 传统点火系统的工作原理

传统点火系统虽然在汽车上应用的历史悠久，但由于采用机械式断电触点，其次级电压受发动机气缸数、转速、断电器触点间隙、火花塞积炭等因素的影响，容易出现故障，所以目前已被淘汰，取而代之的是各种类型的电子点火系统和微机控制点火系统。

（2）电子点火系统。

电子点火系统多应用于采用化油器供油的发动机上，如早期生产的普通桑塔纳、捷达、奥迪100、红旗等车型，在此不再赘述，如图7-4所示。

（3）电控点火系统的组成、工作原理及类型。

目前，电控点火系统广泛应用于电控发动机上，其又可分为机械配电式点火系统（有分电器点火系统）和计算机配电式点火系统（无分电器点火系统）两类，如图7-5所示。

在以上各种点火装置中，相对于电容储能式点火系统而言，电感储能式点火系统应用广泛；而在电感储能式点火系统中，以磁感应式和霍尔效应式点火系统的应用最为广泛；对于高压电的配电方式，有分电器点火系统在现代汽车中已基本被淘汰，无分电器点火系统在轿车中已基本普及。

图7-3 分电器

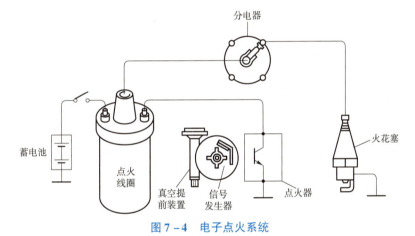

图7-4 电子点火系统

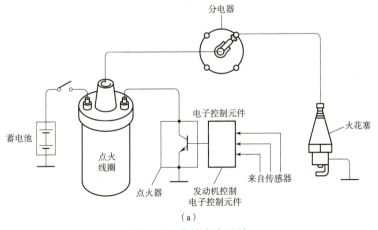

图7-5 电控点火系统

（a）机械配电式点火系统（有分电器点火系统）

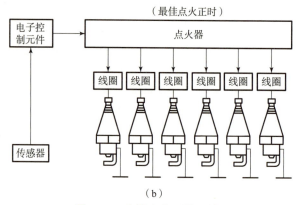

（b）

图 7-5　电控点火系统（续）
（b）计算机配电式点火系统（无分电器点火系统）

① 电控点火系统的组成。电控点火系统主要包括与点火有关的各种传感器、电子控制器（ECU）、点火器、点火线圈、火花塞等，如图7-6所示。

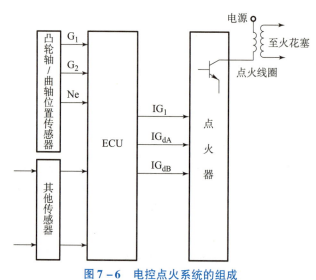

图 7-6　电控点火系统的组成

a. 电源：一般由蓄电池和发电机共同组成，主要是给点火系统提供所需的电能。

b. 传感器：主要用于监测与点火有关的发动机各种运行参数的变化，并将监测结果输入ECU，作为计算和控制点火时刻的依据。

点火控制用到的主要传感器及其作用如下：

- 凸轮轴/曲轴位置传感器：用来确定凸轮轴/曲轴基准位置和点火基准。
- 空气流量计：用作负荷信号来计算和确定基本点火提前角。
- 进气温度传感器：用来对基本点火提前角进行修正。
- 冷却水温度传感器：除用来对基本点火提前角进行修正外，还要用该信号控制起动和发动机暖机期间的点火提前角。
- 节气门体位置传感器：用该信号和车速传感器信号综合判断发动机所处的工况，对点火提前角进行修正。

- 爆震传感器：用来测定发动机抖动度，当发动机产生爆燃时用来调整点火提前角。
- 其他开关信号：如起动开关、空调开关、空挡安全开关等信号，对点火提前角进行修正。

c. ECU：它具有强大的数学运算、逻辑判断、数据处理与数据管理等功能。在电控点火系统工作时，其作用是接收由传感器传来的各种模拟信号和数字信号，对这些信号进行运算、判断与处理，然后向执行器发出控制指令，它是电控点火系统的中枢。

d. 点火器：点火器是电控点火系统的执行元件，它由专用集成块与外围电路组成，除具有接通和切断点火线圈的初级电路外，还具有限流控制电路、闭合角控制电路、停车断电保护电路、点火确认信号发生电路、锁止保护电路、过压保护电路等其他电路。

e. 点火线圈：点火线圈可将火花塞跳火所需的能量存储在线圈的磁场中，并将电源提供的低压电转变为足以在电极间产生击穿火花的 15~20 kV 的高压电。在有分电器点火系统中，只有一个点火线圈，而无分电器点火系统中则有多个点火线圈。

f. 分电器：在有分电器点火系统中，分电器根据发动机点火顺序，将点火线圈产生的高压电依次输送给各缸火花塞。

g. 火花塞：主要是利用点火线圈产生的高压电产生电火花，点燃气缸内的混合气。

②电控点火系统的工作原理。

发动机工作时，ECU 根据接收到的各传感器信号，按存储器中存储的有关程序和数据，确定最佳点火提前角和通电时间（点火线圈初级电路闭合角），并以此向点火器发出指令。点火器根据 ECU 的指令，控制点火线圈初级电路的导通和截止。当电路导通时，有电流从点火线圈中的初级电路通过，点火线圈将点火能量以磁场的形式储存起来。当初级电路被切断时，次级线圈中产生很高的感应电动势（15~20 kV），经分电器或直接送至工作气缸的火花塞。点火能量经火花塞瞬间释放，产生的电火花点燃气缸内的混合气，使发动机完成做功过程。

此外，在具有爆燃控制功能的电控点火系统中，ECU 还根据爆震传感器的输入信号来判断发动机有无爆燃及爆燃的强度，并对点火提前角进行闭环控制。

在电控点火和电控燃油喷射系统中，点火正时和喷油正时的控制精度要求能检测出 1°的曲轴转角，而目前汽车上装用的汽油发动机最高转速高达 6 000 r/min 以上。发动机正常工作时，1°曲轴转角所需的时间相当短，要进行这样精确的计时控制，电控点火系统除必须具有能够准确检测活塞上止点位置的凸轮轴位置传感器、检测曲轴转角的曲轴位置传感器外，还必须有能够进行高速运算的微型计算机系统。在电控点火系统中，用曲轴位置传感器产生的 Ne 信号和凸轮轴位置传感器产生的 G 信号作为主控制信号，以 G 信号为基准，按每 1°曲轴转角分频，用既定的曲轴角度产生点火控制信号（IG_t 信号）。

a. 曲轴位置传感器信号（Ne 信号）。Ne 信号指发动机曲轴转角信号，它是根据曲轴位置传感器产生的信号经过整形和转换而获得的脉冲信号。

在电控点火系统中，Ne 信号主要用来计量点火提前角和通电时间。以安装在分电器内的电磁式曲轴位置传感器为例，其转子一般为 24 个齿，曲轴每转 720°只能向 ECU 输送 24 个 Ne 信号，其信号周期为 30°曲轴转角，显然以此信号直接控制点火提前角和通电时间是不能满足要求的。为此，在发动机电控系统中，通常利用具有高速运算功能的微型计算机系统，将曲轴位置传感器产生的 Ne 信号分频转换成 1°信号。

b. 凸轮轴位置传感器信号（G 信号）。G 信号是指活塞运行到压缩上止点位置的判别信号，它是根据凸轮轴位置传感器产生的信号经过整形和转换而获得的脉冲信号。在电控点火系统中，G 信号主要用来确定计量点火提前角的基准。G 信号一般为周期等于做功间隔角的脉冲信号，而且 G 信号发生时，并不是各气缸活塞运行到压缩上止点的时刻，而是在压缩上止点前某一固定的曲轴转角，一般为上止点前 70°。

发动机工作时，ECU 根据 G 信号可准确地计算曲轴每转 1° 所用时间，即 G 信号产生的间隔时间与间隔角度之比。根据其他传感器输入信号，ECU 按其内存的控制模型确定点火提前角和点火线圈通电时间。ECU 根据计算出的曲轴每转 1° 所用时间，确定 G 信号后点火线圈初级电路通电与断电时刻，最后向点火器输出点火控制信号（IG_t 信号）。ECU 如果收不到 G 信号，就无法确定计量点火提前角的基准，无法对点火提前角进行控制。为防止造成燃油浪费或其他事故，失效保护系统将自动停止电控燃油喷射系统工作，发动机无法启动。

在有些发动机的电控系统中，曲轴每转两圈，凸轮轴位置传感器产生两个 G（G_1 和 G_2）信号，两个信号相隔 360° 曲轴转角，分别对应第一缸的压缩上止点和排气上止点。在此种电控点火系统中，只要有一个 G 信号（G_1 信号或 G_2 信号）正常，其电控点火系统就能正常工作，所以此种发动机工作可靠性较高。

c. 控制信号 IG_t 和 IG_d。电控点火系统工作中，ECU 向点火器发出控制信号 IG_t 和 IG_d 两个信号。

IG_t 信号是 ECU 向点火器中功率晶体管发出的通断控制信号。在有分电器的电控点火系统中，由于是由分火头的指向决定某个气缸点火，只要安装时正确连接各缸高压线，就不会出现点火错乱问题。但是，在无分电器的电控点火系统中，仅有 G 信号不能决定具体给哪个气缸点火，所以 ECU 向点火器输出的执行信号中，必须增加判别气缸的 IG_d 信号，以便于 G 信号共同决定需点火的气缸。

IG_d 信号存储在 ECU 内的存储器中，实际就是点火顺序信息。ECU 根据 G 信号和 Ne 信号选择 IG_d 信号状态，以确定点火顺序。在采用同时点火方式的无分电器点火系统中，IG_d 信号又分为 IG_{dA} 信号和 IG_{dB} 信号。

d. 点火确认信号 IG_f。IG_f 信号是指完成点火后，点火器向 ECU 输送的点火确认信号。

由于在电控燃油喷射系统中，喷油器的驱动信号也来自曲轴位置传感器，若点火系统出故障使火花塞不能点火，曲轴位置传感器工作正常，喷油器仍会照常喷油。为了防止喷油过多导致燃油浪费、发动机再起动困难或行车时三元催化转换器过热等现象的发生，特设定当完成点火过程后，点火器应及时向 ECU 返回点火确认信号（IG_f 信号）。

发动机工作时，ECU 向点火器发出点火控制信号（IG_t 信号）后，若有 3~5 次均收不到返回的点火确认信号（IG_f 信号），ECU 便以此判定点火系统有故障，并强行停止电控燃油喷射系统继续喷油，使发动机熄火。

③电控点火系统的类型。

目前，电控点火系统主要有两种类型，分别是有分电器点火系统和无分电器点火系统。其中，无分电器点火系统按控制方式又分为双缸同时点火和单缸独立点火两种类型。

a. 有分电器点火系统的组成及工作原理。

Ⅰ. 组成。有分电器点火系统主要由电源、点火开关、各种传感器、ECU、点火控制器、点火线圈、分电器以及火花塞等组成，如图7-7所示。

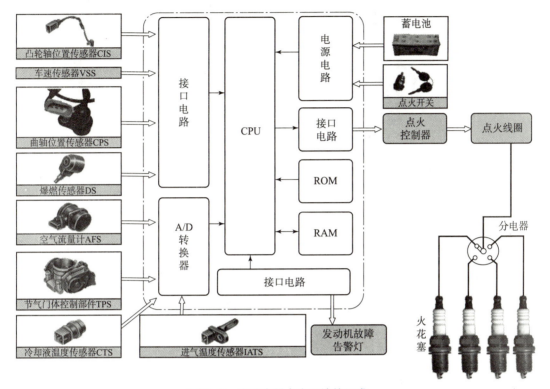

图7-7　有分电器点火系统的组成

Ⅱ. 工作原理。发动机工作时，ECU根据接收到的各传感器信号，通过运算确定该工况下最佳点火提前角和点火线圈初级电路闭合角，并以此向点火器发出信号（IG_t）。点火器则根据ECU的指令，控制点火线圈初级电路的导通和截止。当点火线圈初级电路断电时，其次级线圈产生的高压电经分电器分配到工作气缸的火花塞，以实现点火。此时，分电器的作用就是按照发动机的点火顺序，将点火线圈产生的高压电依次输送给各气缸火花塞。

b. 无分电器点火系统的组成、工作原理及分类。

无分电器点火系统又称为直接点火系统或全电子化点火系统。其主要特点是：用电子控制装置取代分电器，利用电子分火控制技术将点火线圈产生的高压电直接送给火花塞进行点火，点火线圈的数量比有分电器点火系统多。

Ⅰ. 组成。无分电器点火系统主要由电源、点火控制块、高压线、发动机控制模块（ECU）、凸轮轴位置传感器以及火花塞等组成，如图7-8所示。

Ⅱ. 工作原理。无分电器点火系统与有分电器点火系统的工作原理和各元件的功能基本相同，不同的是无分电器点火系统具有电子配电功能，即在发动机工作时，ECU除向点火器输出点火控制信号（IG_t）外，还必须输送ECU内存储的判缸信号（IG_d），以便控制多个点火线圈的工作顺序，按做功顺序完成各气缸点火的控制。

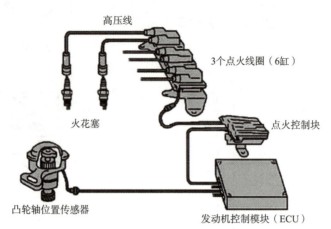

图7-8 无分电器点火系统的组成

Ⅲ. 分类。根据点火线圈的数量和高压电分配方式的不同,无分电器点火系统又可分为双缸同时点火和单缸独立点火两种类型。

ⅰ. 双缸同时点火的无分电器点火系统。双缸同时点火的无分电器点火系统如图7-9所示。其特点是两个活塞同时到达上止点位置的气缸(一个为压缩行程的上止点,另一个为排气行程的上止点)共用一个点火线圈,即点火线圈的数量等于气缸数的一半。

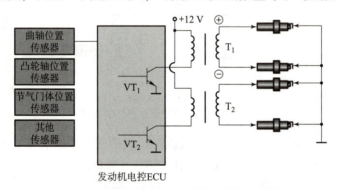

图7-9 双缸同时点火的无分电器点火系统

以四缸发动机为例,1、4缸和2、3缸的活塞分别同时到达上止点,习惯上将这两个同时达到上止点位置的气缸称为"对应缸"。设计时将4个气缸按"对应缸"关系分为两组,每一组共用一个点火线圈,同一组中两个气缸的火花塞与共用的点火线圈次级绕组串联。当点火线圈初级电路断电时,一个气缸接近压缩行程的上止点,火花塞跳火可点燃该气缸内的混合气,称为有效点火;而另一气缸接近排气行程的上止点,火花塞跳火不起作用,称为无效点火。由于处于排气行程气缸内的压力很低,加之废气中导电离子较多,其火花塞很容易被高压电击穿,消耗的能量就非常少,所以不会对压缩行程气缸点火产生影响。

双缸同时点火的无分电器点火系统为判断具体点火的气缸,除了提供IG_t信号外,还要提供IG_{dA}和IG_{dB}辅助判缸信号。这是因为IG_t信号只指令点火器执行点火,但到底该哪一组共用的点火线圈点火,还需IG_{dA}和IG_{dB}辅助判断。

采用同时点火方式的电控点火系统的结构和控制电路比较简单,所以应用也较多。但是由于保留了点火线圈与火花塞之间的高压线,能量损失略大。此外,串联在高压回路的二极管可用来防止点火线圈初级电路导通的瞬间所产生的二次电压(1 000~2 000 V)加在火花塞上后发生的误点火。

ⅱ. 单缸独立点火的无分电器点火系统。单缸独立点火的无分电器点火系统如图 7-10 所示。其特点是在每个气缸的火花塞上都配有一个点火线圈，可单独地直接地对每个气缸进行点火。这种点火方式非常适合在四气门发动机上使用。火花塞安装在两根凸轮轴的中间，每缸火花塞上直接压装一个点火线圈，很容易布置，如图 7-11 所示。

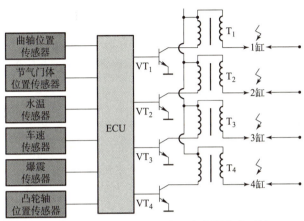

图 7-10　单缸独立点火的无分电器点火系统

由于每缸都有各自独立的点火线圈，所以即使发动机的转速很高，点火线圈也有较长的通电时间（闭合角大），可提供足够高的点火能量。与有分电器点火系统相比，在发动机转速和点火能量相同的情况下，单位时间内通过点火线圈初级电路的电流小得多，点火线圈不易发热，且点火线圈又可以非常小巧，一般直接将点火线圈压装在火花塞上。

单缸独立点火的无分电器点火系统在工作时，ECU 根据各种传感器的信号综合计算，最后确定各缸点火提前角的精确时刻，向点火模块发出指令 IG_{t1}、IG_{t2}……，由点火控制块直接控制各缸点火线圈初级电路的搭铁，并产生次级高压直接传给火花塞。与此同时，点火模块向电控单元 ECU 反馈 IG_f 信号。

单缸独立点火方式的优点主要有：

- 点火线圈不再需要靠导线传输高压能量，减少了能量损耗，点火线圈的能量基本直接给予火花塞，线损降到了零，可以大大提升性能。

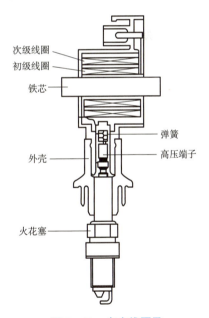

图 7-11　点火线圈及火花塞的布置

- 其中一个线圈不工作时，只会造成该气缸失效，其他线圈仍然可以供应其他气缸工作，虽然汽车的动力会大大下降，工作也不会太稳定，但如果离维修站不是特别远，车辆自身仍有能力到达维修站。
- 由于不依靠导线传输高压能量，因此其抗干扰能力较强。

单缸独立点火的无分电器点火系统在现代轿车的高端车型中已普及。

2. 汽油发动机连续运转（正常着车）的必备条件

为使汽油发动机连续运转（正常着车），必须具备"有油、有电、有压缩" 3 个基本条件：

（1）进入气缸的可燃混合气浓度必须适宜，既不能太浓，也不能太稀。

（2）点火系统必须在正确的点火时刻进行点火，且电火花要足够强烈。

（3）在压缩行程接近终了时，燃烧室内要有较高的压缩压力。

3. 对点火系统的要求

根据发动机各工况的要求，点火系统应保证在各种使用条件下可靠地点燃可燃混合气。因此，对点火系统的要求如下：

（1）点火系统应具有足够高的击穿火花塞电极间隙的电压。压缩行程终了时，受气缸内温度、压力等因素的影响，为使火花塞电极之间产生电火花，必须要有足够高的击穿电压。发电机正常工作时击穿电压一般应在 12 kV 以上；发动机在满载低速时击穿电压为 8～10 kV，起动时需 19 kV。考虑各种不利因素的影响，通常点火系统的设计电压为 30 kV。

（2）电火花应具有足够的点火能量。要使可燃混合气被点燃，电火花还必须具有足够高的点火能量。发动机正常工作时，可靠点燃可燃混合气的点火能量为 50～80 MJ，起动时需 100 MJ 左右的点火能量。

（3）点火系统应按照发动机的工作顺序进行点火。一般直列四缸发动机的点火顺序为 1→3→4→2，直列六缸发动机的点火顺序为 1→5→3→6→2→4。但也有采用其他点火顺序的，应以制造厂商提供的技术数据为准。

（4）点火时刻应适应发动机各种工况的变化。发动机的负荷、转速和燃油品质等都直接影响气缸内混合气的燃烧速度。为使发动机输出功率最大、油耗最小、排放污染物最少，点火系统必须能适应各种工况的变化，在最有利的时刻点火（实现最佳点火）。

点火时刻一般用点火提前角来表示，在压缩行程中，从点火开始到活塞运行到上止点时曲轴所转过的角度，称为点火提前角。

如果点火提前角过大（即点火过早），混合气的燃烧主要在压缩过程中进行，气缸压力急剧上升，在活塞到达上止点之前即达到较大压力，给正在上升的活塞一个很大的阻力，从而阻止活塞向上运动。这样不仅使发动机功率下降，油耗增加，还会引起爆燃，加速机件损坏。

若点火提前角过小（即点火过迟），则混合气边燃烧，活塞边下行，即燃烧过程是在容积增大的情况下进行的，这不仅导致发动机功率下降，还会引起发动机过热，油耗增加。

任务 2　电控点火系统的主要部件

1. 点火线圈

1）点火线圈的作用

点火线圈的作用是将电源提供的 12 V 低压电变成 15～20 kV 的高压电。

2）常见的点火线圈的类型

点火线圈按磁路特点可分为开磁路式和闭磁路式两种类型。

(1) 开磁路式点火线圈。

开磁路式点火线圈主要由铁芯、初级绕组、次级绕组、导磁钢套、瓷座、外壳等组成，如图 7-12 所示。

点火线圈的中心是用硅钢片叠成的铁芯，在铁芯外面套上绝缘的纸板套管，纸质套管上绕有直径为 0.06~0.10 mm、11 000~26 000 匝的次级绕组；初级绕组用直径为 0.5~1.0 mm、230~370 匝的高强漆包线，绕在次级绕组的外面，以利于散热。绕组和外壳之间装有导磁钢套，底部有瓷座，上部有绝缘盖，点火线圈内部浸以石蜡和松香的混合物，以增强绝缘，并防止潮气侵入。

当初级电流流过开磁路式点火线圈的初级绕组时，使铁芯磁化，其磁路如图 7-13 所示。由于磁路的上、下部分都是从空气中通过的，初级绕组在铁芯中产生的磁通需经壳体内的导磁钢套形成回路，磁路的磁阻大，漏磁较多，能量损失较大。

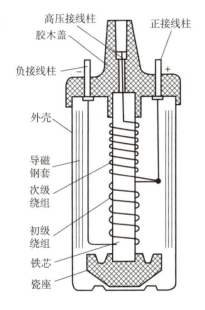

图 7-12 开磁路式点火线圈的结构

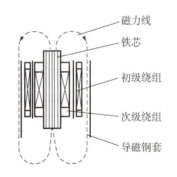

图 7-13 开磁路式点火线圈的磁路

(2) 闭磁路式点火线圈。

闭磁路式点火线圈由铁芯、初级绕组和次级绕组等组成，如图 7-14 所示。

闭磁路式点火线圈有"口"字形和"日"字形之分，如图 7-15 所示。与开磁路式点火线圈不同的是绕组在铁芯中形成的磁通，通过铁芯形成闭合磁路，故称为闭磁路式点火线圈。

与开磁路式点火线圈相比，闭磁路式点火线圈漏磁少，磁路的磁阻小，能量损失小，其能量转换率可高达 75%（开磁路式点火线圈只有 60%）。闭磁路式点火线圈体积小，质量小，铁芯裸露易于散热，并可有效地降低次级电容，故在高能电子点火系统中广泛应用。

2. 火花塞

1）火花塞的作用

火花塞的作用是把高压电引入气缸内，在电极间产生电火花，点燃混合气。

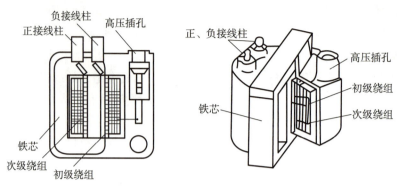

图 7 – 14 闭磁路式点火线圈的结构

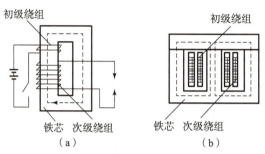

图 7 – 15 闭磁路式点火线圈的类型
(a) "口"字形；(b) "日"字形

2）火花塞的工作条件及对火花塞的要求

火花塞的工作条件极其恶劣，它要受到高温、高压以及燃烧产物的强烈腐蚀，因此，火花塞必须具有足够的力学强度，能够承受冲击性高压电的作用和剧烈的温度变化（混合气燃烧时承受 1 500 ℃ ~ 2 000 ℃ 高温燃气的炙烤，而在进气时，又要承受 50 ℃ ~ 60 ℃ 的进气突然冷却），并具有良好的热特性，同时能抵抗燃气的腐蚀。

3）火花塞的结构

火花塞的结构如图 7 – 16 所示。在钢制壳体的内部固定有高氧化铝陶瓷绝缘体，使中心电极与侧电极之间保持足够的绝缘强度。绝缘体内的上部装有导电金属杆，通过接线螺杆与高压导线相连，下部装有中心电极。导电金属杆与中心电极之间用导电玻璃密封。中心电极用镍锰合金制成，具有良好的耐高温、耐腐蚀和导电性能。壳体下部的螺纹与气缸盖螺纹端面结合处配有密封垫圈，旋紧时密封垫圈受压变形保证壳体与缸盖之间密封良好。

火花塞中心电极和侧电极间的跳火间隙对火花塞的工作有很大影响。间隙过小，则火花微弱，并且容易产生积炭而漏电；间隙

图 7 – 16 火花塞结构

过大,所需击穿电压增高,发动机不易起动,且在高转速时容易发生"缺火"现象,故火花塞中心电极与侧电极之间的间隙应适当。目前我国蓄电池点火系统使用的火花塞间隙一般为 0.6~0.8 mm,最大可达 1.0~1.2 mm,适当地增大电极间隙可以有效改善排气净化。

4) 火花塞的散热

火花塞工作时,周期性地受到高温燃气的作用,使绝缘体裙部温度升高,这部分热量主要通过壳体、绝缘体、中心电极、金属杆等传至缸体或散发到空气中,当吸收和散发的热量达到平衡时,火花塞的各个部分将保持一定的温度,如图 7-17 所示。

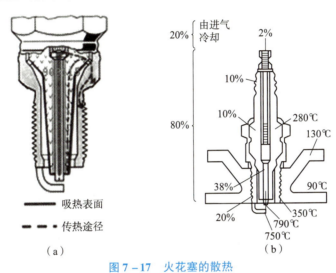

图 7-17 火花塞的散热

(a) 火花塞的吸热与放热;(b) 火花塞各部分的温度及散热途径

5) 火花塞的热特性

火花塞的发火部位吸热并向发动机冷却系统散发热量的性能,称为火花塞的热特性。实践证明,当火花塞绝缘体裙部的温度保持在 500 ℃~600 ℃时,落在绝缘体上的油滴能立即烧掉,不会形成积炭,这个温度称为火花塞的自洁温度。

低于自洁温度时,火花塞常因产生积炭而漏电,导致不点火;高于自洁温度时,则当混合气与炽热的绝缘体接触时,可能早燃而引起爆燃(爆燃),甚至在进气行程中燃烧,产生进气管回火。

火花塞的热特性主要取决于绝缘体裙部的长度。绝缘体裙部长的火花塞,受热面面积大,传热距离长,散热困难,裙部温度高,称为热型火花塞,适用于低速、低压缩比、小功率发动机;反之,裙部短的火花塞,受热面面积小,传热距离短,散热容易,裙部温度低,称为冷型火花塞,适用于高速、高压缩比、大功率发动机;介于上述两者之间的为中型火花塞,如图 7-18 所示。

火花塞的热特性常用热值或炽热数表示。我国以绝缘体裙部长度标定的热值(1~11)来表征火花塞的热特性。热值代号 1、2、3 为热型火花塞;4、5、6 为中型火花塞;7、8、9、10、11 为冷型火花塞。

6) 火花塞的热值选用

火花塞的热值根据发动机及汽车设计、试验结果而定,在各车型的说明书中都对此作了明确规定。

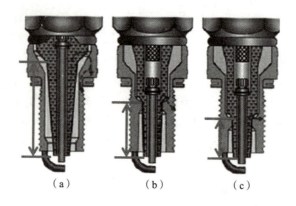

图 7-18 不同绝缘体裙部长度的火花塞

(a) 热型；(b) 中型；(c) 冷型

火花塞的热值选用是否合适，其判断方法是：若火花塞经常由于积炭而导致断火，说明火花塞偏冷，热值选用过高；若经常发生炽热点火而引发早燃，则说明火花塞偏热，热值选用过低。

3. 点火器

1) 点火器的作用

点火器如图 7-19 所示，它的作用是接收 ECU 发出的点火控制信号（IG_t），根据这一控制信号控制点火线圈初级电流的通、断，使点火线圈次级绕组产生高压，以点燃气缸内的可燃混合气，与此同时反馈一个信号（IG_f）给发动机 ECU，作为点火确认信号（点火确认信号的作用是使 ECU 判断点火系统在未点火时，切断燃油供给，防止发动机溢油）。

图 7-19 点火器

2) 点火器的工作原理

电控点火系统中的点火器主要由闭合角控制电路、恒流控制电路、过电压保护电路、放大电路等电路组成，如图 7-20 所示。

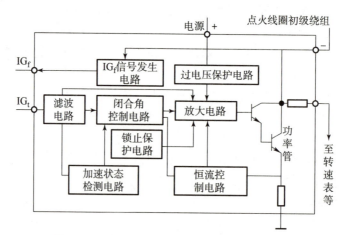

图 7-20 电控点火系统中的点火器的电咯组成

（1）闭合角控制电路。

闭合角（断电触点闭合时间）的概念是从传统点火系统引入的，传统点火系统采用触点控制点火线圈初级绕组的通电时间。因此，初级绕组通电时间的长短与触点的间隙密切相关：触点间隙小，则触点相对闭合时间（触点在一个闭合和断开周期中，闭合时间与总时间之比）就长；触点间隙大，触点相对闭合时间就短，如图 7-21 所示。

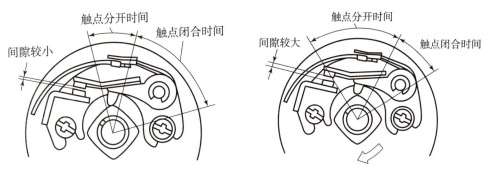

图 7-21　触点闭合时间与触点间隙的关系

为解决传统点火系统触点闭合时间随触点间隙、发动机转速、发动机气缸数增加而减少的问题，在电子点火系统和微型计算机控制点火器中增加了闭合角控制电路。

常见的闭合角控制电路如图 7-22 所示。点火控制信号为高电位时，由于 VT_1 导通，VT_2、VT_3 截止，点火线圈初级绕组中电流被切断，点火线圈次级绕组产生高电压；点火控制信号为低电位时，由于 VT_1 截止，VT_2、VT_3 导通，点火线圈初级绕组有电流流过。

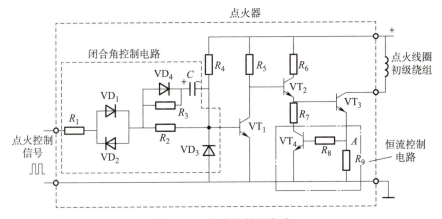

图 7-22　闭合角控制电路

由 R_1、R_3、VD_1、VD_2、VD_3、VD_4、C 组成闭合角控制电路，其工作原理如下：

点火控制信号正脉冲（上正、下负）时，信号电流同时对电容 C 充电，充电电路为信号电压 $+ \rightarrow R_1 \rightarrow VD_1 \rightarrow VD_4 \rightarrow C \rightarrow VT_1$ 发射结 $\rightarrow$ 信号电压 $-$。

当点火控制信号正脉冲消失（上负、下正）时，电容 C 放电，放电电路为 $C+ \rightarrow R_3 \rightarrow VD_2 \rightarrow R_1 \rightarrow$ 信号电压 $- \rightarrow$ 发动机 ECU $\rightarrow$ 信号电压 $+ \rightarrow VD_3 \rightarrow C-$。

电容 C 放电时，VT_1 反偏截止，VT_2、VT_3 导通，初级电路接通。当发动机转速升高时，ECU 使点火控制信号正脉冲电压随之升高，正脉冲消失时电容的放电时间将会延长，使 VT_1 的截止时间延长，VT_2、VT_3 的导通时间延长，即初级通路的时间相对延长。这使得点火次级电压不会随发动机转速的上升而下降。

(2) 恒流控制电路。

由于现代车采用高能点火线圈来改善点火性能。为了防止初级线圈电流过大烧坏点火线圈，在部分电控点火系统的点火控制电路中增加了恒流控制电路。

恒流控制的基本方法是：在点火器功率三极管的输出回路中增设一个电流检测电阻，用电流在该电阻上形成的电压降反馈控制三极管的基极电流，只要这种反馈为负反馈，就可使三极管的集电极电流稳定，从而实现恒流控制。

4. 爆震传感器

1）爆震传感器的作用

爆震传感器安装在气缸体上，如图7-23所示，其功能是利用压电晶体的压电效应，把爆燃时传到气缸体上的机械振动转换成电压信号输送给ECU。ECU对爆震传感器输入的信号进行滤波处理，并判断有无发生爆燃及爆燃的强度。若有爆燃，则逐渐减小点火提前角（推迟点火），直到爆燃消失为止；若无爆燃，则逐渐增大点火提前角（提前点火），当再次出现爆燃时，ECU又开始逐渐减小点火提前角，爆燃控制过程就是对点火提前角进行反复调整的过程。这是一种"临界控制"方式，它可使发动机接近爆燃区而又不进入爆燃区，此时气缸内燃烧的热效率最高。

图7-23 爆震传感器的安装位置

2）爆震传感器的分类

爆震传感器通常安装在发动机气缸体的侧面，按发动机缸体振动频率的检测方式不同，可分为共振型和非共振型两种；按爆震传感器结构的不同，分为压电式、磁致伸缩式及火花塞金属垫型几种。

(1) 共振型爆震传感器。共振型爆震传感器的显著特点是传感器的共振频率与发动机爆燃的固有频率一致，因此其内部设有共振体，并且共振体的共振频率与爆燃频率协调一致。其优点是输出电压高，不需要滤波器，因此信号处理比较方便。由于共振体的频率特性尖且频带窄，因此无法响应发动机条件变化引起的爆燃频率变化，即共振型爆震传感器只能用于特定的发动机，不能与其他发动机互换使用，装车自由度很小。

(2) 非共振型爆震传感器。非共振型爆震传感器的突出优点是适用于所有的发动机，装车自由度很大。但其输出电压较低，频率特性平且频带较宽，需要配用带通滤波器（只允许特定频带的信号通过,对其他频率的信号进行衰减的电路组成的滤波器称为带通滤波器,带通滤波器一般由线圈和电容器组合而成),信号处理比较复杂。

3)爆震传感器的结构与原理

(1)共振型压电式爆震传感器。共振型压电式爆震传感器由压电元件、振子、基座、连接器、壳体等组成,如图7-24所示。传感器中的压电元件紧密地贴合在振子上,振子则固定在传感器的基座上。振子随发动机的振动而振动,压电元件随振子的振动而发生形变,进而在其上产生一个电压信号。当发动机爆燃时的气缸振动频率与传感器振子的固有频率相符合时,振子产生共振。此时,压电元件将产生最大的电压信号,即该类型的爆震传感器在发动机爆燃时输出的电压比较高,因此无须使用滤波器即可判别有无爆燃产生。

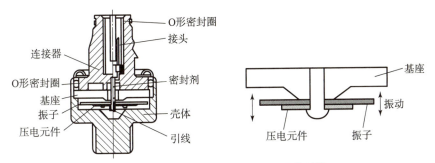

图7-24 共振型压电式爆震传感器的结构

(2)非共振型压电式爆震传感器。非共振型压电式爆震传感器一般也安装在发动机的气缸体上,主要由平衡重、压电晶体、壳体、电气连接装置等组成,如图7-25所示,平衡重由固定螺栓固定在壳体上。

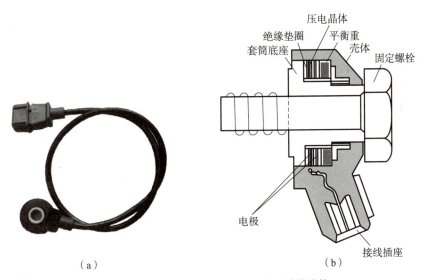

图7-25 非共振型压电式爆震传感器的结构
(a)外形;(b)结构

当发动机产生爆燃时,安装在缸体上的爆震传感器内部的平衡重因受振动的影响而产生加速度,平衡重将此加速惯性力转变为作用在压电晶体上的压力,压电晶体受到此加速度惯性压力后产生压电信号输出,输出电压由两个压电晶体的中央取出。该传感器结构简单,制造时不需要调整。在发动机爆燃发生时，这种传感器输出的电压不大，具有平缓的输出特性。因此，需要将反映发动机振动频率的输出电压信号送到识别爆燃的滤波器中，判别是否有爆燃信号。

该爆震传感器的优点是检测频率范围宽，因此可设计成由零至数十千赫兹，可检测很宽频带的发动机振动频率传感器。用于不同发动机上时，只需调整滤波器的过滤频率即可使用，而不需要更换传感器。

（3）共振型磁致伸缩式爆震传感器。共振型磁致伸缩式爆震传感器主要由感应线圈、伸缩导杆、永久磁铁和壳体组成，其结构如图7-26所示。伸缩杆用高镍合金制成，在其一端设置有永久磁铁，另一端安放在弹性部件上。感应线圈绕制在伸缩杆的周围，线圈两端引出电极与控制线路连接。

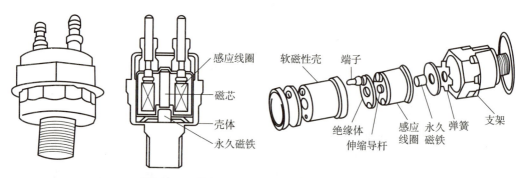

图7-26 共振型磁致伸缩式爆震传感器的结构

当发动机因爆燃而使缸体产生振动时，传感器的伸缩导杆就会随之产生振动，感应线圈中的磁通量就会发生变化，即通过线圈的磁通量变化率会发生变化，由电磁感应原理可知，在感应线圈内会产生一个交变电动势，即传感器有一个信号电压输出，输出电压的高低取决于发动机缸体的振动强度和振动频率。当传感器的固有振动频率和发动机缸体的振动频率相同时，即当发动机缸体的振动频率达到6~9 kHz时，传感器将产生共振，此时振动强度最大，传感器的感应线圈中产生的感应电压最高。

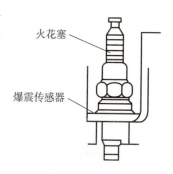

图7-27 压电式火花塞座金属垫型爆震传感器

（4）压电式火花塞座金属垫型爆震传感器。如图7-27所示，此种爆震传感器是将压电晶体安装在火花塞的垫圈处，每缸安装一个，根据各缸的燃烧压力直接检测各缸的爆燃信号，并转换成电信号输送给ECU。

任务3 电控点火系统的检测

1. 点火线圈的检测与维修

（1）外观检验。目测点火线圈，若有绝缘盖破裂或外壳碰裂，会因受潮而失去点火能力，应予以更换。

（2）初、次级绕组断路、短路和搭铁的检测。

①测量电阻法。用万用表测量点火线圈的初级绕组、次级绕组以及附加电阻的电阻值，

应符合技术标准；否则说明有故障，应予以更换。

②试灯检测法。将试灯接在初级绕组的两接线柱上，若灯不亮则是断路；当检测绕组是否有搭铁故障时，可将试灯的一端与初级绕组相连，一端接外壳，如灯亮，便表示有搭铁故障；短路故障用试灯不易查出。

(3) 次级绕组的检测。因为次级绕组一端接于高压插孔，另一端与初级绕组相连，所以检测时，当试灯的一个触针接高压插孔，另一触针接低压接线柱时，若试灯发出亮光，则说明有短路故障；若试灯暗红，则说明无短路故障；若试灯根本不发红，则应注意观察，当将触针从接线柱上移开时，看有无火花发生，如没有火花，说明绕组已断路。

因为次级绕组和初级绕组是相通的，若次级绕组有搭铁故障，在检测初级绕组时就已反映出来了，无须检测。

2. 火花塞的检测与维修

(1) 外观检测。拆下火花塞，检测火花塞螺纹及绝缘体有无损坏。如有异常，应更换火花塞。

(2) 间隙的检测。检测火花塞电极间隙，如图 7-28 所示，不同车型发动机的火花塞电极间隙不同，在维修时应查阅维修手册。如桑塔纳 AFE 发动机火花塞间隙为 0.7~0.8 mm，可通过弯曲负电极来调整火花塞电极间隙，使用过的火花塞电极间隙一般不调整。若火花塞电极间隙不在规定的范围内，应更换火花塞。

(3) 电阻的检测。用兆欧表测量火花塞绝缘电阻，如图 7-29 所示，电阻值应为 10 MΩ 或更大。不符合要求则应更换。

若火花塞电极有湿炭痕迹，待其干燥后用火花塞清洁器，以低于 588 kPa 的压力、20 s 左右的时间清洁火花塞电极。若有机油痕迹，在使用火花塞清洁器之前，先用汽油清除机油。

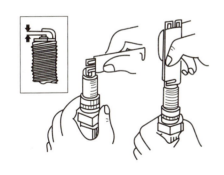
图 7-28 检测火花塞电极间隙

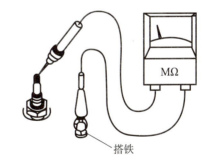
图 7-29 测量火花塞绝缘电阻

3. 点火器的检测

以宝来 BWH 发动机点火器为例，如图 7-30 所示。

(1) 检测点火模块供电。将万用表调到 20 V 的电压挡，将万用表红表笔接触线束端插头 2 号插脚，黑表笔搭铁，打开点火开关，电压值应不小于 11.5 V。若未在规定值范围内，则应检测电源线及电源。

(2) 检测点火模块接地。将万用表调到 20 Ω 的电阻挡，两个表笔分别接触线束端插头 4 号插脚和发动机搭铁点，电阻值应小于 1.5 Ω。若电阻过大或开路，则检测导线与搭铁点。

也可用万用表电压挡检测线束端插头 2 号插脚（电源电压）对 4 号插脚之间的电压值来检测其接地情况，电压值应为电源电压。

（3）检测点火触发功能。把二极管试灯鳄鱼夹可靠搭铁；用二极管试灯电笔接触触发信号线（1 号插孔），短时起动发动机，二极管试灯应闪亮。否则应检测触发信号线是否断路或短路，如信号线没问题则为发动机电脑故障。

用同样方法检测另一触发信号线（3 号线）。

（4）检测次级线圈电阻值。检查 1、4 缸和 2、3 缸次级线圈的电阻值，如图 7 - 31 所示。

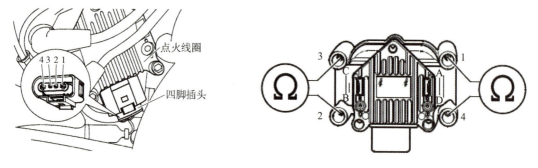

图 7 - 30　宝来 BWH 发动机点火器　　　　　图 7 - 31　检测次级线圈电阻值

标准值为 4.0 ~ 6.0 kΩ（20 ℃时），如果未达到规定值，就应更换点火器。

4. 爆震传感器的检测

以捷达 GTX 发动机爆震传感器为例，该发动机有两个爆震传感器，分别为 G61（1、2 缸爆震传感器）和 G66（3、4 缸爆震传感器），电路如图 7 - 32 所示。

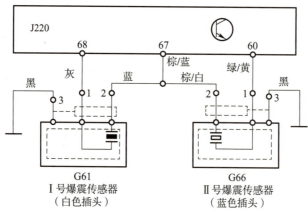

图 7 - 32　捷达 GTX 发动机爆震传感器电路示意

（1）检测爆震传感器的电阻值。关闭点火开关，分别拔下Ⅰ、Ⅱ号爆震传感器的 3 芯插头，如图 7 - 33 所示。用万用表电阻挡分别测量传感器端子与外壳之间的电阻值，应为无穷大，否则应更换爆震传感器。接着用万用表电阻挡测量传感器上 2 号端子之间的电阻值，应符合表 7 - 1 的要求。若电阻过大或过小，线束端子可能接触不良或存在断路，应及时排除故障。

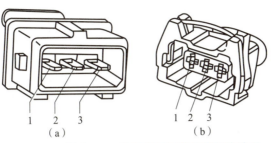

图 7-33 捷达 GTX 发动机爆震传感器接线端子
(a) 传感器插头；(b) 传感器插座

表 7-1 捷达 GTX 发动机爆震传感器电阻值

检测项目	检测条件	检测部位	标准值
传感器的电阻	断开点火开关，拔下传感器插头	传感器上的 1 号、2 号端子	>1 MΩ
		传感器上的 1 号、3 号端子	>1 MΩ
		传感器上的 2 号、3 号端子	>1 MΩ
传感器正极信号线	拔下 ECU、传感器插头	ECU 的 60 号端子与 Ⅱ 号传感器上的 1 号端子	<0.5 Ω
		ECU 的 68 号端子与 Ⅰ 号传感器上的 1 号端子	<0.5 Ω
传感器负极信号线		ECU 的 67 号端子与 Ⅰ、Ⅱ 号传感器上的 2 号端子	<0.5 Ω
传感器屏蔽线		发动机搭铁点与 Ⅰ、Ⅱ 号传感器上的 3 号端子	<0.5 Ω

（2）检测爆震传感器线束的导通性。关闭点火开关，分别拔下 Ⅰ、Ⅱ 号爆震传感器的 3 芯插头，然后拔下 ECU（J220）的 60 芯插头。用万用表电阻挡分别测量 Ⅰ 号爆震传感器 3 芯插座的 1、2、3 号端子与 ECU（J220）的 68、67 端子及搭铁之间的电阻值，应均小于 0.5 Ω；用万用表电阻挡分别测量 Ⅱ 号爆震传感器 3 芯插座的 1、2、3 号端子与 ECU（J220）的 60 号、67 号端子及搭铁之间的电阻值，也应均小于 0.5 Ω。如果电阻值过大或为无穷大，则线束与端子可能接触不良或存在断路，应及时排除故障。

（3）检测爆震传感器的输出信号。检测爆震传感器的输出信号时，应先关闭点火开关，拔下传感器的连接器插头，再闭合点火开关，起动发动机使之怠速运转，用万用表电压挡检测传感器上的 1 号与 2 号端子，应有脉冲电压信号输出，否则应更换爆震传感器。

参 考 文 献

［1］仇雅莉. 汽车发动机构造与检修［M］. 北京：机械工业出版社，2012.
［2］朱宏. 汽车发动机机械系统检修［M］. 北京：清华大学出版社，2017.
［3］张西振. 汽车发动机电控技术［M］. 北京：机械工业出版社，2012.
［4］朱宏. 汽车发动机电控系统检修［M］. 北京：北京理工大学出版社，2018.
［5］［德］WILFRIED STAUDT. 汽车机电技术［M］. 北京：机械工业出版社，2010.
［6］陈家瑞. 汽车构造［M］. 北京：人民交通出版社，2002.
［7］依志国. 汽车故障诊断［M］. 北京：人民邮电出版社，2010.
［8］马东霄. 汽车维修实训教程［M］. 北京：人民邮电出版社，2002.